KB147465

그래서 비트겐슈타인

나_라는 세계의 발견

그래서 비트겐슈타인

나_라는
세계의 발견

나카무라 노보루

박제이 옮김

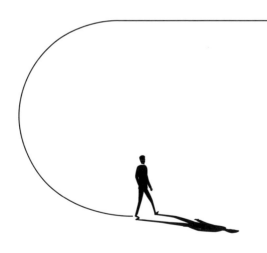

독개비

♦ 일러두기

본문의 주석은 모두 '옮긴이 주'입니다.

중고등학생 시절에는 부모님 곁을 떠나 가고시마鹿児島에서 혼자 하숙을 했다. 손바닥만 한 방에서 고독한 나날을 보냈다. 여름방학이나 겨울방학이 되면 부리나케 부모님이 계시는 사세보佐世保로 향했다. 고향으로 가는 길은 유난히 길었다. 당시의 니시가고시마역西鹿児島에서 아마도 밤 11시 40분경 출발하던 급행열차 '가이몬かいもん'을 타고 캄캄한 어둠을 뚫고 규슈九州의 북쪽으로 향했다. 아침이 밝으면 도스역鳥栖駅에서 열차를 갈아탔다. 도스역 플랫폼에 있는 메밀국수 집에서 따끈한 국수 한 그릇으로 허기를 달래며 사세보역까지 가는 것이다. 열 시간 가까이 걸리는 긴 여정이었다. 그때는 아직 어려서였는지, 열차 안에서 자지 않고 책을 읽었다.

고등학생 때였을 것이다. 그때 우연히 미우라 츠토무三浦つ
とむ의 《변증법은 어떤 과학인가弁証法はどういう科学か》라는 책
을 읽었다. 같은 열차를 타고 고향으로 향하던 나가사키長崎
출신의 같은 학년 친구가 가만히 나를 보더니 물었다. "노보
루, 그거 무슨 말인지 알아?" 조금 짓궂은 질문이었다. 사실
나도 잘 몰랐지만 "응, 뭐 대충…"이라고 얼버무렸다. 무슨
말인지도 잘 모르면서 계속 붙들고 있다는 걸 들키고 싶지
않았기 때문이다. 어릴 때는 이런 일이 곧잘 있었다.

하지만 나중에 그 책을 다시 읽어보니 그리 어려운 책이
아니었다. 솔직히 쉬웠다. 미우라 츠토무는 어려운 철학이나
언어학을 무척 알기 쉽게 풀어서 이야기하는 사람이므로
더욱 그럴 것이다.

비슷한 경험은 또 있었다. 중학생 때는 고바야시 히데오小
林秀雄[1]에 푹 빠져 있었다. 고바야시의 작품은 거의 다 독파
했을 정도다. 하지만 지금 떠올려보면 그때 내가 제대로 이
해했는지는 의심스럽다. 왜냐하면 그가 쓴 《모차르트》를 중

—

1. 1902~1983년, 일본의 문예평론가이자 작가.

학교 2학년 때 읽었는데 무슨 말인지 잘 몰라 고개를 갸웃거리던 기억이 선명하기 때문이다. 저자의 매끄러운 문체 덕에 단숨에 읽어나갔지만, 결국 어려웠다는 인상만 남아 있다. 하지만 나중에 그 책을 다시 읽어보니 무척 쉬운 내용이어서 깊이 감명받았다. 이렇게 쉬운 책을 이해하지 못했다는 게 이상할 정도였다.

이러한 내 경험을 되돌아보면, 중고등학생 때는 아무리 애써도 본격적인 평론서나 철학서는 어려웠다. 나이나 지식의 벽에 부딪힌 것이리라. 그 '벽'의 정체는 잘 알 수 없지만 결국 대부분 중학생은 철학서나 사상서를 끝까지 읽지 못하고 좌절하는 일이 많을 것이다.

이 책은 그런 사람들, 곧 난해한 책에 계속 도전해도 도저히 읽어낼 수 없거나, 혹은 어렴풋하게만 파악하고 있는 이들에게 조금이라도 도움이 되기를 바라는 마음으로 썼다.

아니, 사실은 중고등학생 시절의 나 자신에게 철학을 쉽게 풀어 이야기를 들려준다는 생각으로 써나갔다. 누가 뭐라 해도 이때야말로 인생에서 가장 고민이 많은 시기이자, 이 세계의 어려운 문제에 정면으로 부딪히는 괴로운 시기이기 때문이다. 나 또한 비좁은 골방에서 혼자 머리를 감싸쥐고 고민했기에 누구보다 잘 안다. 그 고뇌를 함께하고 해결의 실마리를 쥐여주고 싶었다. 나아가 성인이라도 과거에 그런 경험이 있는 이들이 이 책을 즐겨주기를 바란다.

이 책에서는 루트비히 비트겐슈타인(1889~1951년)이라는 철학자의 말을 함께 음미해보고자 한다. 왜냐하면 그는 쓸데없는 전문용어를 쓰지 않고, 진정한 철학적 질문에 맨손으로 맞선 철학자이기 때문이다. 실은 그 자신이 서양철학 세계에서는 아마추어였다. 비트겐슈타인은 원래 수학과 논리학을 공부한 인물로, 전문적인 철학 교육은 전혀 받지 않았다. 철학의 지식이나 소양과는 무관한 인물인 셈이다.

그렇기에 사전 지식 없이 철학을 진심으로 이해하려는 사람에게는 가장 가까운 위치에 있다고 할 수 있으리라. 곧 중고등학생과 마찬가지 지점에 있는 철학자라 해도 과언이 아니다. 그런 의미에서도 지식으로 대충 얼버무리려고 하지 않는, 더없이 진지한 철학자라 할 수 있다.

[비트겐슈타인의 말의 인용에 관하여]

《논리 철학 논고》, 《철학적 탐구》, 《반철학적 단장―문화와 가치》는 오카자
와 시즈야丘沢静也 번역본에서 인용했다. 오카자와 씨에게 감사드린다. 다
른 문헌도 일본어 번역본인 《비트겐슈타인 전집ウィトゲンシュタイン全集》 야마
모토 마코토山本信, 오모리 쇼조大森荘蔵 편집본을 참조했다. 각 번역본의
역자 분들게 감사드린다. 인용할 때는 지문 등을 겸하느라 표현을 바꾼 곳
도 있다.

차례

머리말   005

1 철학 – 이해할 수 없는 세계의 발견   013

2 나 – 세계의 탄생   018

3 논리 – 벌거벗은 인간의 얼개   025

4 물리법칙 – 가설을 기초로 한 귀납법   032

5 윤리 – 상대적인 행위, 형언할 수 없는 것   037

6 절대적인 것 – 압도적인 경험   042

7 절대적인 것과 말 – 신기하고 놀라운 것   048

8 죽음 – 이 세계에는 존재하지 않는 것   053

9 말로 표현할 수 없는 것 – 신 그리고 윤리   060

10 언어 게임 – 주고받으며 습득하는 모든 것   067

11 가족 같은 유사성 – 닮은 점이 있는 막연한 집합체   075

12 말의 의미 – 제대로 사용하는 것   082

13 나만의 말 – 나만 알 수 있는 어떤 의미   091

14 문법에 의한 오류 – 말이 파놓은 함정   098

15 진정한 지속 – 시간이 필요한 동사   108

16 수다쟁이 사자 – 사자만 아는 사자의 말   115

17 영혼에 대한 태도 – 확인할 수 없는 불필요한 개념   120

18 의지 ─ 저항 없이 이루어지는 행위   **127**

19 돌이 되다 ─ 표현할 수 있어야 존재할 수 있다   **135**

20 딱정벌레의 상자 ─ 진실은 아무도 모른다   **140**

21 아픔과 그 진동 ─ 고통이 표현되는 방향   **149**

22 확실한 것 ─ 착각이라는 깨달음   **161**

23 의심하는 것과 믿는 것 ─ 온전한 신뢰   **170**

24 인류는 달에 간 적이 없다 ─ 불가능한 의심이 변하는 순간   **176**

25 두 개의 '논리' ─ 세계를 바라보는 위치   **185**

26 종교와 비트겐슈타인 ─ 신을 통해 인간이 되다   **190**

27 얼굴 ─ '나'라는 동굴의 입구   **198**

28 거짓말을 한다는 것 ─ 진실을 말하기에 가능한 것   **208**

29 데리다와 비트겐슈타인 ─ 언어의 본질을 논하다   **217**

30 하이데거 ─ 언어의 한계를 향해 돌진하는 충돌   **225**

31 프로이트의 제자 ─ 꿈과 언어의 유사성   **238**

맺음말   **252**

001

철학

—

이해할 수 없는
세계의 발견

비트겐슈타인은 젊은 시절에 쓴 《논리 철학 논고》에서 이렇게 말했다. "세계가 어떤지가 신비한 것이 아니다. 세계가 있다는 것이 신비한 일이다."(6.44번 문장이다. 이 책은 전부 이렇게 번호가 달린 문장으로 이루어져 있다.) 나는 이 감각이 철학자가 될 수 있고 없고를 가르는 갈림길이라고 생각한다.

분명 살아 있는 한 우리는 여러 신기한 일과 마주친다. 초등학교 때 배우는 과학이나 사회, 산수, 국어, 이들 과목에도 신기한 일은 많다. 우리가 사는 우주의 구조, 사회의 구성, 역사, 다른 나라 사람들의 생활, 덧셈과 곱셈의 신기함, 언어의 모습이 보여주는 재미 등. 신경 쓰이는 일이 한두 가지가 아니다.

우주를 설명하는 이론에는 양자역학과 상대성이론(현대 물리학의 커다란 두 기둥이 되는 이론이다) 등이 있는데, 이들 이론은 터무니없이 신기한 내용으로 가득하다. 세계가 여러 개라고 하지 않나, 시간이 흐르지 않는다고 하지 않나, 온갖 신기한 결론이 나온다. 이 세계는 정말로 희한한 곳이라는 사실을 알 수 있다. 역사도 깊이 파고들수록 수많은 사실에 압도당한다. 일본인이 좋아하는 전국시대戦国時代나 막부 말기 메이지 유신에 관한 다양한 소설이나 드라마가 쓰이고 만들어진 것도 수긍이 간다. 사이토 도산斎藤道三이라든가 아케치 미츠히데明智光秀, 사카모토 료마坂本竜馬, 사이고 다카모리西郷隆盛 등 매력적인 인물이 넘쳐난다. 인물 한 사람만으로도 수수께끼투성이인데, 이들 모두가 복잡하게 얽혀 있다. 역사를 좋아하는 사람이라면 푹 빠져들 만도 하다.

신기하기로는 산수도 뒤지지 않는다. 각기 다른 사과를 어째서 1, 2, 3이라는 같은 숫자로 셀 수 있는 것일까. 심지어 귤 세 개와 사과 두 개를 더해 다섯 개라는 계산을 하기도 한다. 귤과 사과는 겉모습도 맛도 완전히 딴판이지 않은가! 그런데 같은 대상으로 삼아 더해버린다. 무척 추상도가 높은 계산이다. 이렇듯 깊이 생각하다 보면 머리가 어질어질하다. 덧셈조차 이렇게 이상한데, 곱셈까지 가면 두 손 두 발 다 들어야 한다. 누구나 신기하게 생각하는 마이너스와 마이너스의 곱셈. '-3×-4'는 대체 왜 '+12'가 될까. 아무리 생각해도 영문을 알 수가 없다.

일단 이 세계는 이상한 데다 영문을 알 수 없는 일투성이다. 하지만 이 신기함에 발목이 잡혀버리면 철학자가 될 수 없다. 아니, 발목은 잡혀도 된다. 하지만 더욱 큰 이상함에 압도당해야 한다. 철학에 눈뜨는 감각은 전혀 다른 곳에 있기 때문이다. **그런 알 수 없는 일투성이인 이상한 세계가 애초에 '있다'는 것**. 이것은 대체 무엇인가? 왜 이렇게 되어 있는가? 이 지점에서 깊이 생각하는 것. 그것이 바로 철학이다. 왜 이 세계가 존재하는가. 이런 의문을 던져야 한다. 이 절대 해결될 것 같지 않은 높은 벽에 부딪혀 쓰러져서 옴짝달싹 못 하게 되는 것이 바로 철학이다.

물론 이 세계에는 재미있는 문제가 무수히 많다. 그것은 시간이 아무리 지나도 속 시원히 답이 나오는 문제가 아니므로 빠져드는 것 또한 수긍이 간다. 하지만 세계 내부의 문제는 일종의 게임 같은 것이라 각 단계에서 답이 나오게 마련이다. 뉴턴이 만유인력의 법칙을 발견하고, 아인슈타인이 상대성이론을 제시하고, 하이젠베르크가 불확정성의 원리를 생각해낸 덕에 터무니없는 미래가 그려지기도 한다. 이 또한 확실히 신기한 일이기는 하다. 하지만 어떤 단계에서든 답은 나온다.

하지만 '이 세계의 존재' 그 자체에 압도당한다는 감각은 아무리 발버둥 쳐도 꼼짝할 수 없는 감각이다. 단 한 걸음도 떼지 못할 정도로 절망적이고 압도적이기 때문이다. 세계 내부의 게임과는 전혀 다른 절대적인 감각이다. 세계라는 게임 그 자체가 날아가버리기 때문이다. 세계의 존재 자체에 대한 이 감각을 경험하고 나면 삶의 의미가 엄청난 수수께끼로 둔갑한다. 이 세계 안에서 목표를 지니고 인생을 즐겁게 사는 것이 왠지 먼 풍경처럼 보인다. 이 세계 안에 사는 사람들은 대체 무엇을 하는 것일까. 참 별난 사람들이라는 생각이 들기 시작하는 것이다. 돈을 벌고, 행복한 가정을 이루고, TV나 인터넷을 보며 웃고, 학교에 가고……. 이런 모든 것이 완전히 이해할 수 없는 것처럼 여겨지기 시작한다.

바로 이것이 철학의 첫걸음이다.

나_라는 세계의 발견

002

나

—

세계의
탄생

＿

나는 참으로 번거로운 것이다. 아침에 일어나도 나이고, 온종일 쉼 없이 나이며, 밤에 의식을 잃을 때까지도 나이다. 도망갈 도리가 없다. 물론 나 이외의 인간도 많다. 이것은 누구나(물론 이 '누구나'는 나의 추측이지만) 알고 있다. 다만 나 이외의 많은 사람은 이 나에게만 보인다. 나는 나 외의 인간이 될 수 없다. 이 세상에 나는 단 하나뿐이기 때문이다. 곰곰이 생각해보면 이건 무척 무서운 일이다.

왜 무섭냐고? 다른 인간, 다른 동물, 여러모로 무한한 가능성이 있는(듯 나에게는 보이는)데, 그들의 가능성을 나가 시험할 수 없기 때문이다. 시대도 지역도 인종도 심지어 자신

나_라는 세계의 발견

이 태어나는 집조차 스스로 정할 수 없다(이 세계에는 나만 있는데 그런 나가 아무것도 정할 수 없다). 그리고 일단 나가 되면 그 외의 가능성은 모두 소멸한다. 타인(이나 다른 동물, 식물, 광물)이 어떤 마음으로 살아가는지, 자신과는 다른 젠더인 여성(남성)이란 어떤 존재인지 티끌만큼도 경험할 수 없다. 가능성은 무수한데, 그것에 전혀 관여하지 않은 채 일생을 오직 나로 살다가 끝내는 것이다. 이 얼마나 무자비한 세계인가. 그리고 이 얼마나 허무한 일인가.

물론 부모가 없었다면 애초에 나도 태어나지 않았으리라는 사실을 머리로는 잘 알고 있다. 나뿐이라고 말하지만, 아무리 나라도 그 나가 나의 원천에서 자가 분열로 태어난 것은 아니라는 사실은 알고 있다. 부모가 있기에 나는 태어났다. 아마도 그럴 것이다. 모두 입을 모아 그렇다고 하니까. 다만 그것은 나중에 익힌 지식에 지나지 않는다. 누군가에게 배운 일일 뿐이다.

번뜩 정신이 들었을 때 이미 나는 나라는 무척 좁은 방에 갇혀 있다. 그곳에서, 그 변함없는 단칸방에서 쭉 살아간다. 신기하게도 나는 이 단칸방 말고는 갈 수 있는 곳이 없다. 이사하고, 이사하고, 또 이사해도 계속 같은 방에 머무는 것이다. 그 방에서 바깥을 바라볼 뿐이다. 악몽이다. 곧 원리적으로 '이사는 불가능'하다. 아무리 발버둥 쳐도.

다른 사람에게 듣거나 부모가 찍은 사진을 보았기에 확실히 나에게 육체적으로 탄생한 순간이 있었다는 사실은 안다. 어렴풋이나마. 그렇다면 그 이전에는 무無였을까(이 또한 확인할 길 없지만). 하지만 철이 들면 **'나는 나의 세계'**(《논리 철학 논고》 5.63)인 상태가 되어 있다. 곧 나라는 틀 안에서 모든 사건이 일어나는 것이다, 어느샌가. 그것이 이 모든 일의 시작이었다(그러나 늘 그렇듯 시작은 절대로 확인할 수 없다). 나=세계의 탄생이라는 것은, 사건(세계의 시작)이 일어난 후에야 말할 수 있을 뿐이다.

결코 떨어져나올 수 없는 이 나라는 틀 속에서 시종일관(아직 임종을 맞이한 것이 아니므로 아마도 그러리라 추측할 뿐이지만) 모든 것은 진행된다. 이는 왠지 무척 숨 막히는 일이다. 솔직히 진절머리가 난달까. 작가 하니야 유타카埴谷雄高가 말한 '자동률自動律의 불쾌'[2]와는 다른 뜻일지도 모르지

---

2. 하니야 유타카가 《사령死靈》이라는 작품에서 거듭 강조한 말로, '내가 나인 것에 대한 불쾌감'을 뜻한다.

만, 나는 이 사태도 '자동률의 불쾌'라고 말하고 싶다. '내가 나라는 것(A=A)에 대한 지긋지긋함'이므로.

비트겐슈타인이 말하듯 **주체[나]는 세계의 일부가 아니라, 세계의 경계**'(《논리 철학 논고》 5.632)인 것이다. 세계를 형성하는 것은 나라는 영역이다. 세계 그 자체가 나이므로 나의 외부에는 아무것도 없다. 곧 '무세계'라 할 수 있다.

물론 이 단칸방(나)은 다른 인간에게 '인간'이라고 불린다. 이름도 있고 몸도 있기 때문이다. 나도 지식으로는 물론 그 사실을 알고 있다. 그 방에서 바깥을 바라보면 나와 마찬가지 인간들이 나=세계 안에서 돌아다니고 있기 때문이다. 셀 수 없다. 나 안에서 '인간'이라고 불리는 것들이 꿈틀대고 있다. 그것과 같은 것으로서, 나의 몸은 꿈틀거린다. 다만 그 경우라도 나 자체(세계의 중심)는 가만히 있다. 움직이지 않는다. 부동의 중심이다. 그러므로 나는 '인간'이 아니다.

나의 몸에 주목해서 하루 정도 식물이 되거나 한 시간만이라도 연필이 되고 싶다고 생각했다고 치자. 하지만 그런 일은 일어나지 않는다. 앞에서도 말했듯이 이사는 불가능하므로. 하지만 만에 하나 그런 즐거운 일(인간에서 식물이나 연필로 이사하는 것)이 일어난다 해도 나는 변함이 없을 것이다. 아쉽게도 이 틀(경계)은 그대로일 것이다. 방의 이름이 가령 '인간'에서 '민들레'로 바뀐다고 해도 의미는 없으리라. 그것은 변함없이 나라는 모습을 취하고 있을 테니까. 이렇듯 나는 꿈쩍하지 않는다.

하지만 혹시라도 나 자체가 변하는 일은 없을까. 다른 어떤 것으로 갑자기 바뀌지는 않을까. 다만, 아무리 생각해도 나 이외의 것이 되는 일이 어떤 것인지, 나는 전혀 알 수 없다. 손톱만큼도 상상할 수 없다. 그나마 상상할 수 있는 것은 식물이 되든, 연필이 되든, 숫자가 되든 역시 나는 나가 아닐까. 나가 없어지는 일은 도저히 생각할 수 없다. 나라는 것은 곧 '존재하는 것'이기 때문일까. 이는 우리의 근원적인 모습과 관련이 있다. 곧 우리는 동시에 이중으로 존재할 수는 없는 것이다. 조금 어려운가?

이것에 대해 비트겐슈타인은 다음과 같이 말한다.

여기서 알 수 있듯, 철저한 독아론獨我論은 순수한 실재론과 일치한다. 독아론의 '나'는 수축되어 연장 없는 점이 된다. 그리고 남는 것은 '나'를 위해 조정된 실재다.

— 《논리 철학 논고》 5.64

나_라는 세계의 발견

'독아론'이란 이 세계에 존재하는 것은 나뿐이라는 사고다. '독아론'을 깊게 파헤치면 나 이외의 것은 아무것도 존재하지 않는다는 결론에 이른다. 곧 나=세계뿐이다. 요컨대여기에 있는 것은 하나의 실재(정말로 존재하는 것)뿐이다. 확실히 나가 틀이라면 단 하나인 나는 사라져버릴 것이다. 영화관에 영화를 보러 가서 영화 그 자체에 빠져들 때 나는 사라지고 영화의 스토리만 펼쳐지는 것과 같다고 보면 된다. 나는 세계에서 사라지고 사건만 담담히 일어난다. 이를 비트겐슈타인은 '순수한 실재론'이라고 말했다.

세계에 나 한 사람밖에 없다면('독아론') 그 나는 존재 그 자체가 되어버릴 것이다. 그러나 만약 우리가 이러한 모습을 하고 있다면, 이는 우리가 터무니없이 처절히 고독하다는 말이다. 이 세계에 누구 하나 자신과 같은 존재가 없으니까.

자신의 단칸방에 타인을 초대할 수 없고, 타인의 단칸방에 놀러 갈 수도 없다. 애초에 단칸방이 세계의 바깥 틀이므로, 우리는 그곳에서 한 발짝도 움직일 수 없는 것이다. 몹시 숨 막히는 상태라 할 수 있다.

003

논리

벌거벗은
인간의 얼개

—

'논리'란 무엇일까. 일단 이 세계의 '얼개' 같은 것일까. '얼개'가 없으면 집을 지을 수 없듯이, 세계의 얼개가 없다면 세계는 무너져버릴 것이다. 어떤 것이든 형태를 지닌 채 존재한다면 처음에 그것을 지탱해주는 '얼개'가 필요하다. 액체나 기체에는 눈에 보이는 '얼개'는 없다. 물론 액체나 기체도 눈에 보이지 않는 구성 요소로 이루어져 있다. 하지만 확실한 '형태'가 있다는 의미에서 고체만이 이른바 '얼개'를 지닌다고 할 수 있으리라.

'얼개'란 건물이나 존재(형태가 있는 것)가 만들어질 때 기초로 삼는 것이다. 세계가 형태를 지닌 채 존재하기 위한 일종의 버팀목(떠받치는 것)이랄까.

비트겐슈타인은 이 세계의 '논리'에 관하여 이렇게 말한다.

논리를 이해하기 위해 우리에게 필요한 '경험'이란, 어떤 것이 이러이러하다는 경험이 아니라 어떤 것이 있다(존재한다)는 경험이다.
그러나 그것은 경험이라 부를 수 있는 것이 아니다.
논리는 어떤 것이 이러하다는 모든 경험에 앞선다.
논리는 '어떻게'에 앞선다. '무엇이'에는 앞서지 않는다.

– 《논리 철학 논고》 5.552

꽤 어려운 문장이 나왔다. 차근차근 설명할 테니 걱정하지 않아도 된다. 세계는 좋든 싫든 우리 앞에 있다. 세계는 이유가 뭐가 됐든 아무것도 모른 채 그저 '존재'한다. 곧 '존재'라는 잘 알 수 없는 사태가 그저 있는 것이다. 앞에서 말했듯이 이는 비트겐슈타인이 말하듯 '세계가 있다'라는 터무니없이 신비로운 사건이 눈앞에 펼쳐졌다는 말이다. 하지만 비트겐슈타인은 이것은 '경험'이 아니라고 말한다. '경험이 아니라는 것'은 대체 무슨 말일까.

물론 세계 안을 들여다보면 다양한 경험을 통해 알게 되는 것이 있다. 다른 사람과 다양한 경험을 하면서 때로는 즐

나_라는 세계의 발견

거움을, 때로는 싫음을 맛본다. 혹은 나무, 바다, 곤충 같은 존재하는 것들을 관찰하고 그들과 관계 맺으면서 다양한 경험을 할 수도 있다. 인간이 어떨 때 어떤 감정을 느끼는지 알게 되고, 아침 햇살 속에 피어오르는 나무들의 멋진 향기나 잔잔하게 물결치는 바다의 깊은 고요, 딱정벌레의 어색한 움직임 같은 세계 내부의 양상을 우리는 경험을 통해 실제로 알 수 있다.

그러나 비트겐슈타인에 따르면, 세계의 존재 자체는 경험할 수 없는 것이다. 아니, 세계는 경험 그 자체를 성립시키는 조건이다. 세계가 없다면 애초에 경험 자체가 불가능하기에. 세계가 없다면 우리는 곤충을 보거나 식물을 만질 수 없다. 그리고 그 세계는 논리가 떠받치고 있다. 얼개가 없는 건물에는 누구도 들어갈 수 없다. 먼저 얼개가 있고, 그 얼개를 바탕으로 지은 건물이 존재하기에 비로소 그 안에 들어갈 (경험할) 수 있다. 세계도 눈에 보이는 형태를 지닌다는 것은 '얼개'가 있다는 말이며, 그것이 바로 '논리'라는 것이다.

논리는 그러한 '얼개'이므로 어떤 경험보다 앞서 있으며 당연히 그 '얼개'에 의해 만들어진 세계의 모습보다도 앞선다. 한 '얼개'에 의해 건물이 세워지듯, 논리가 지탱해줌으로써 세계의 존재가 있다. 그리고 우리는 세계 내부에서 태어나므로, 태어난 후에 세계의 내부에서 논리를 알게 된다.

그렇다면 우리가 이 세계 내부에서 태어나 이 세계의 논리를 알게 되는 것은 하나의 경험이 아닐까. 논리학을 공부하여 논리를 배우는 것은 '경험'이 아닐까. 난해한 논리학 학습은 경험이라고 할 수 있지 않을까.

당연히 경험이다. 다만 그 '경험'(논리학 공부)은 어떻게 생기는 것일까. 그것은 우리 머리의 작용 덕이다. 우리는 대뇌를 통해 공부한다. 그리고 이 머리(대뇌)의 작용은 세계 내부의 사건이므로 세계의 '얼개'인 '논리'에 의해 움직이는 셈이다.

따라서 우리가 논리학을 배우는 일도 '논리'에 의한 것이다. 이 세계의 안쪽에 있는 한, 이 세계의 논리에 지배당하기 때문이다. 그러므로 이 세계에 있는 한, 우리는 맨 첫걸음부터 논리적인 일을 하는 셈이다. 이런 느낌으로 **논리는 모든 경험에 앞선다**'고 비트겐슈타인은 말한 것이다.

그렇다면 애초에 '얼개'란 어떤 것일까. 가령 인간이 없는 세계, 나무가 아니라 비눗물로 가득한 세계, 혹은 수분이 전혀 없는 사막뿐인 세계 등 지금과는 다른 모습을 망상할 수는 있으리라. 다만 그 망상은 '논리' 그 자체, 곧 '얼개'에는 이르지 못한다. 세계 속 알맹이의 가능성을 다양하게 바꿀 수는 있지만 '얼개'를 바꾸는 것은 불가능하다. '얼개'를 바꾸면 더는 세계가 아니게 되기 때문이다.

일단 '얼개'를 바탕으로 형성된 세계가 존재한다('무언가'가 있다). 그리고 그 위로 다양한 세계의 모습이 덮고 있는 느낌이랄까. '어떻게' 있는지보다 논리가 앞선다는 것은 그런 말이다.

이렇게 되면 우리가 논리에 도달하기 위해 어떻게 하면 좋을지 답은 금세 찾을 수 있다. 지금 상태(세계의 여러 모습이 논리를 뒤덮고 있는 상태)에서 다양한 덮개를 벗겨내면 가능하다. 요컨대 겹겹이 옷을 입고 있는 인간의 옷(세계의 모습)을 벗김으로써 인간 그 자체, 알몸인 인간에 도달하는 것. 바로 그것이 '논리'다.

갑자기 세계가 붕괴했다고 치자. 주변 풍경이 아무런 조짐 없이 순식간에 사라져버린다. 무색투명한 '무無'가 출현한다. 그때 우리가 그 '무'와 대치하며 무언가 생각할 때 그곳에 '논리 그 자체'(알몸으로서의 논리)가 나타난다고 할 수 있지 않을까. 하지만 이러면 세계가 '존재'해야 하므로 비트겐슈타인이 말하는 '논리'와는 조금 다를지도 모른다.

이런 극단적인 생각을 하지 않더라도 하나하나 세계의 모습이 지니는 가능성을 벗겨나간다면 논리에 도달할 수 있다. 요컨대 구체적인 '무언가'를 전부 제거하면 된다. 남성이라든가, 인간이라든가, 동물이라든가, 빨갛다든가, 무겁다든가 등. 구체적인 성질을 전부 없애면 맨 마지막에는 '얼개'만 남는다. 그렇게 남은 것이 '논리'다. 그러므로 논리란 '경험에 앞선다'.

004

물리법칙

—

가설을 기초로 한
귀납법

'얼개'가 떠받치는 동안 이 세계는 나아간다. 그러나 세계가 나아가는 것, 그 자체에도 무언가 법칙이 있을 것이다. '얼개'와는 다른 법칙에 따라 세계는 나아가고 있으므로. 죄다 엉망진창인 채로 나아가는 것은 아니므로.

가령 장기에는 장기판과 장기 말이 있다. 그리고 장기 규칙도 있다. 이 규칙에 따른다면 뭘 하든 상관없다. 여기까지가 '얼개'라 할 수 있다. 하지만 '정석'이라는 것도 있다. '정석'이란 예부터 지금까지 공격과 수비에 최선이라고 인정된 방식으로 일정하게 말을 놓는 법을 가리킨다. 가장 효과적으로 말을 움직이는 방법이라 할 수 있다. 이 '정석'을 모르

면 장기에서 이기기는 힘들다. 장기에서는 '정석'이 일종의
자연법칙이라 할 수 있다.

이 세계의 '얼개'에 따르면 무슨 일이 일어나도 이상하지
않다. 그런데도 이 세계에서는 일정한 사건이 반복하여 일어
난다. 항상 일이 뒤죽박죽 일어나기만 하는 것은 아니다. 제
대로 된 질서가 있다. 이것이 (자연) 법칙이다. 태양은 매일
아침 동쪽 하늘에서 떠올라 저녁이 되면 서쪽 하늘 지평선
으로 진다. 북쪽에서 떠올라 남쪽으로 져도 될 텐데 말이다.

비트겐슈타인은 다음과 같이 말한다.

'내일 해가 뜰 것이다'는 가설이다. 바꿔 말하면 해가 뜰지 뜨지 않
을지 우리는 알 수 없다.

– 《논리 철학 논고》 6.36311

세계 내부에는 다양한 법칙이 있다. 지구가 자전하면서
태양 주위를 공전하는 것도 물리법칙이다. 분명 태양과 지
구가 인력의 법칙에 따라 운동하는 한, 거의 매일같이 태양
은 동쪽 하늘에서 뜰 것이다.

다만 이 법칙은 이 세계의 얼개인 논리 법칙과는 달리, 우

리가 자연 속 사건을 관찰한 결과 도출해낸 '가설'에 지나지 않는다. 유한 횟수의 관찰을 바탕으로 가설을 세우고 계산하여 도출해낸 결과다. 우리는 이런 방식을 '귀납'이라고 부른다. 그리고 이 가설이 미래에도 영원히 계속 법칙일지는 누구도 알 수 없다. 현실 세계가 변하면, 법칙 자체가 변하기도 하기 때문이다. 이것이 절대적인 논리 법칙('얼개')과는 다른 점이다.

'까마귀는 까맣다'는 법칙은 지금껏 확인된 까마귀가 까맸기에 임시로 '까마귀는 까맣다'는 법칙을 만든 것뿐이다. 어딘가 멋들어진 풍광 속에서 빨간 까마귀가 발견되기라도 하면 이 법칙은 완전히 무너진다. 이런 유의 법칙은 하나라도 다른 예가 나오면 성립할 수 없다. 마찬가지로 어느 날 아침, 이변이 일어나 지구의 자전이 멈추면 절대로 태양은 동쪽 하늘에서 떠오르지 않을 것이다. '내일 해가 뜬다'는 가설이 무너지는 것이다.

철학자 버트런드 러셀이 제기한 '러셀의 칠면조'[3]라는 비

---

3. 원문은 '귀납주의자 칠면조'인데 한국에서는 '러셀의 칠면조'라는 표현이 더 알려져 있다.

유가 있다. 이 칠면조는 귀납법에 따라 모든 것을 판단한다. 그때까지의 경험만을 의지하여 살아가는 것이다. 고집 센 그 칠면조는 364일 아침이 되면 매일 먹이를 받아먹었다. 그 칠면조는 귀납주의자이므로 다음 날도 당연히 먹이를 얻어먹으리란 기대에 부풀어 아침에 잠에서 깼다. 그러나 그 기대는 잔혹하게 배신당하고 말았다. 그날은 크리스마스였기 때문이다.

하지만 우리 역시 이 칠면조와 다르지 않다. 지금껏 경험한 것과 마찬가지 일이 매일 일어나리라고 무의식중에 마음을 놓고 있기 때문이다. 내일도 모레도 같은 일이 일어나리라 믿는다. 하지만 그것은 가설에 지나지 않는다. 내일이 크리스마스가 아니기를 바랄 따름이다.

005

윤리

상대적인 행위,
형언할 수 없는 것

—

'윤리'란 무엇인가. 다시 한번 생각해보자. '윤리'가 시대나 지역에 따라 다르다는 것쯤은 누구나 안다. 에도시대의 '윤리'와 현대의 '윤리'는 꽤 다를 것이다. 현대에는 '아다우치仇討ち'[4] 같은 것은 절대 용인되지 않는다. 또한 우리는 장검이라는 흉기를 허리에 차고 거리를 돌아다니는 사내(사무라이)를 본 적이 없다. 같은 에도시대라 해도 무사의 윤리와 장인의 윤리는 꽤 달랐을 것이다.

지금도 태국의 '윤리'와 케냐의 '윤리', 일본의 '윤리'는 깜짝 놀랄 만큼 다를 것이다. 해도 되는 것과 해서는 안 되는

---

4. 주군이나 존속을 죽인 자에게 개인적으로 복수하던 일본의 제도.

것은 시대나 국가에 따라 달라지니까.

이렇게 생각하면 '윤리'란 무척 상대적이라 할 수 있다. 곧 언제 어디서나 같지 않고, 시대와 장소에 따라 달라지므로 자신이 믿는 '윤리'와 다른 사람의 '윤리'를 비교할 수 있다. 절대적인, 유일무이한 '윤리'란 없다는 말이다.

그러나 그것도 애초에 이상한 일이다. '윤리'는 '~해서는 안 된다' 등으로 표현된다. 가령 '사람을 죽여서는 안 된다' '다른 사람의 물건을 훔쳐서는 안 된다' 등. 하지만 이 **안 된다'는 우리가 태어나는 이 현실 세계에서는 눈을 씻고 찾아도 존재하지 않는다.** '밥을 먹는다' '놀이터에서 논다'는 타인이 그런 상태를 실제로 볼 수 있고 자기 스스로 그렇게 할 수도 있다. 파악하기 쉬운 형태로 이 세계에 등장하고 존재한다. 하지만 '밥을 먹어서는 안 된다'나 '놀이터에서 놀아서는 안 된다'는 이 현실에 나타나지는 않는다. '안 된다'는 이 세계 어디를 찾아도 존재하지 않는다.

그러므로 '사람을 죽여서는 안 된다'는 '안 된다'의 영역이므로 어디에도 없다. 그러나 '사람을 죽이는 일'은 '밥을 먹는 일'이나 '놀이터에서 노는 일'과 마찬가지이므로 이따금 TV나 신문 등에서 볼 수 있다. '사람을 죽이는 일'은 '죽여

나_라는 세계의 발견

서는 안 된다'와는 다르게 현실 세계에서 실제로 일어나는 일이다.

한편, 왜 '사람을 죽인다'가 '사람을 죽여서는 안 된다'가 될까. 누구나 가능성으로는 '사람을 죽일' 수 있는데 왜 '사람을 죽여서는 안 된다'라는 금지가 존재할까. 참으로 이상한 일이다. 어떻게 '안 된다' 같은 말을 할 수 있을까. 현실 세계에는 등장하지 않는 이 '안 된다'를 어떻게 주장할 수 있을까.

이렇게 생각하면 '사람을 죽여서는 안 된다'는 상대적인 것이라 할 수 있을까. 왜냐하면 '상대적'인 모습은 그야말로 이 세계에서 일어나는 사실의 모습이기 때문이다. 실제로 존재한다면 비교할 수 있다. '밥을 먹는 일'과 '놀이터에서 노는 일' 중 '어느 쪽이 좋아?'라고 질문할 수 있다. 반대로 실제로 이 세계에 없다면 결코 '상대적인 것'(비교할 수 있는 것)은 될 수 없다. '~해서는 안 된다'는 비교가 불가능한 명제다.

이처럼 이 현실 세계에는 존재하지 않는 '사람을 죽여서는 안 된다'는 왜 등장했을까. 다양한 이유를 생각해볼 수 있다. 이 세계에서 살인이 여러 가지로 불편한 일이라는 것

(사회가 엉망이 된다), 그리고 아무래도 우리가 그 행위를 주저하게 되는 것(이 또한 왜인지는 어려운 문제다) 등. 이러한 몇 가지 이유로 공동체 안에서 금지된 것이리라.

곧 현실 세계에서 꼭 금지하고자 하는 행위가 있고 그 행위를 금지하기 위해 '~해서는 안 된다'의 영역에 그 행위를 가져갔다. 더욱 도식적으로 말하면 '사람을 죽이는'(현실) 세계에서 바깥으로 꺼내어(초월), 외부에서 금지하기로 했다고 해야 할까. 현실 세계의 바깥이 '안 된다'의 영역이다. '윤리' 란 대체로 이러한 방식으로 성립된 것이 아닐까.

이러한 방식으로 '윤리'를 정하지 않는다면, 우리는 '무엇이든 가능한' 세계에서 날마다 살아가야 한다. 그렇기에 '윤리'는 원래 상대적인 것이라고 말할 수 있을지도 모른다. 왜냐하면 이러한 귀찮은 절차를 밟지 않으면 명령이나 금지는 할 수 없기 때문이다. 이러한 윤리를 비트겐슈타인은 어떻게 생각했을까. 비트겐슈타인 일생에 딱 한 번 있었던 '윤리에 대한 강연'의 내용을 살펴보자.

006

절대적인 것

—

압도적인
경험

비트겐슈타인은 '윤리'를 **'형언할 수 없는 것'**이라고 말했다. '윤리'에 관해 모든 사람이 같은 생각을 하는 것이 아니므로, 확실히 말할 수 없다는 뜻이다. 그렇다면 내가 앞서 썼듯이 '윤리'란 저마다 다른 '상대적'인 것이라는 의미일까. 비트겐슈타인은 그렇지 않다고 말한다. '윤리'에 관해 말한 유일한 강연을 토대로 이러한 주제를 생각해보고자 한다.

비트겐슈타인은 '좋다'와 '나쁘다'는 말을 설명하는 것부터 시작한다. 그는 우선 '이 사람은 좋은 피아니스트다'라는 문장을 예로 든다. 아마도 이 표현은 이 피아니스트의 기술이 뛰어나다는 의미라고 생각한다. 기술의 수준이 높다는 말이랄까. 요컨대 상대적인 평가(수많은 다른 피아니스트와 비교한 후에 평가한다)다. 다른 피아니스트와 비교하여 이 피아니스트는 뛰어나다('좋은 피아니스트다')는 의미일 것이다.

한편, '거짓말을 하는 것은 나쁜 일이다'라는 문장은 어떤가. 이 '나쁜'은 피아니스트의 '좋다 나쁘다'와는 조금 뉘앙스가 다르다. 비트겐슈타인에 따르면 이 '나쁘다'는 다른 행위와 비교해 '나쁘다'고 말하는 것이 아니라는 말이 된다. 이 경우의 '나쁘다'는 절대적으로 나쁜 것이며, 사람에 따라 판단이 달라지지는 않는다는 것이다.

누가 생각해도, 어떤 시대에도 '거짓말을 하는 것은 나쁘다'가 된다고 비트겐슈타인은 말한다. 여기에서 비트겐슈타인은 윤리의 본질을 보고 있다. **윤리는 상대적으로 정해지는 것이 아니라 절대적인 것이며 상황이나 시대, 사람에 따라 바뀌지 않는다.** 이것이 윤리다.

그리고 비트겐슈타인은 이러한 '윤리'의 본질을 표현하는 경험을 몇 가지 예로 든다. 그것은 '절대적인 것'의 경험이다. 우선, '세계의 존재에 놀란다'는 것. 달리 표현하면 '무언가가 존재한다는 것은 얼마나 이상한 것일까'라는 것이다. 이러한 감정을 품을 때 우리는 '절대적'인 영역과 깊게 맺어진다고 비트겐슈타인은 말한다. 그리고 이 영역은 '윤리'와 같은 영역이라고 말하는 것이다.

세계의 존재, 혹은 어떤 것이든 좋지만 '존재'라는 것은 이루 말할 수 없을 정도로 신기하다. 존재 그 자체에는 아무런 이유도 없다. 누구에게도, 어떤 생물에도 '세계가 있다'는 것을 설명할 수는 없다. 손을 쓸 수가 없다. 그저 '세계의 존재'에 크게 경악할 수밖에 없다. 심지어 그렇게 놀라는 자기 자신도 그 세계의 일부이며 '자신이라는 존재' 그 자체다.

그 어떤 설명도 할 수 없는 깊이 모를 신비에 그저 아연할 뿐이다. 비트겐슈타인에 따르면 이러한 압도적인 경험이야말로 '절대적'인 경험이라고 말한다. 그리고 이 절대적인 경험은 '윤리'라고 불리는 것의 경험과 마찬가지라고 말하는 것이다. '거짓말을 하는 것은 나쁘다'라고 말할 때의 '나쁘다'는 이러한 '절대'의 장소에 있는 것이다.

또 하나의 경험을 예로 들겠다. 그것은 '절대 안전하다고 느끼는 경험'이다. '나는 안전하며, 무슨 일이 일어나든 그 무엇도 나를 상처 입힐 수는 없다'는 경험이다. 이 또한 매우 특별한 경험이다. 어떤 의미일까.

우리는 교통사고를 당할 가능성도 있고, 지진으로 목숨

을 위협받을 수도 있으며, 중한 병에 걸렸음을 알게 될 수도 있다. 도저히 '절대 안전하다'고는 할 수 없다.

그러나 여기에서 비트겐슈타인이 말하는 것은 그러한 '나의 몸'에 관련한 것이 아니라 나 자체에 대한 것이리라. 앞서 쓴 나=세계의 나 말이다. 이 나는 무슨 일이 일어나든, 가만히, 조용히 존재한다. 세계 속에서 일어나는 일과는 상관없이 그 틀로서 '절대' 변화하지 않는다. 이 배경은 무슨 일이 일어나든 상처 입는 일이 없고, 어떤 것에서도 영향을 받지 않는다. 이것이 바로 비트겐슈타인이 말하는 '절대 안전하다고 느끼는 경험'이라고 생각한다.

이 경험도 절대적인 것이며 이 또한 윤리와 깊게 맺어진 경험이다. 이렇게 살펴보면 비트겐슈타인이 생각한 윤리의 모습을 짐작할 수 없다. 그는 '윤리'란 인간이 다양한 논의를 통해 결론 내는 것이 아니라 인간은 절대 알 수 없는, 인간을 뛰어넘는 영역이라고 생각했다. 내가 앞 장에서 쓴 윤리에 대한 생각과는 정반대다.

'거짓말을 해서는 안 된다'는 것은 그것이 우리의 공동체를 불안정하게 만들기 때문이라든가, 거짓말을 하면 인간관계가 삐거덕거리기 때문이라는 것과는 전혀 상관없으며 '절대로 해서는 안 되는 일'이 된다는 말이리라. 세계의 존재 자체는 나=세계라는 존재 방식과 마찬가지로 압도적인 셈이다. 우리가 이러쿵저러쿵 논의할 수 있는 것이 아니라, 우리와는 격리된 '형언할 수 없는 것'이라는 말이 된다.

007

절대적인 것과
말

—

신기하고
놀라운 것

—

비트겐슈타인은 이러한 '절대적
인 것'과 말을 나란히 두고 생각했다. 우리가 말로 표현할
수 있는 것은 상대적이다. 가령 '이 꽃은 아름답다'고 말할
때 반드시 그 이면에는 '이 꽃은 아름답지 않다'는 문장이
들러붙어 있다. 혹은 '저 꽃은 아름답다'나 '저 나무는 아름
답다' 등도 붙어 있다. 하나의 문장 뒤나 옆에는 부정이나
다른 주어, 지시어 등 얼마든지 다른 것, 비교할 수 있는 것
이 들러붙어 있는 것이다.

그런 의미에서 **말로 표현할 수 있는 것은 '상대적인 것'**이
다. 곧 다른 수많은 표현의 관계 속에 들어 있다는 말이다.
어떤 문장이라도, 어떤 말이라도 반드시 그 배경에 다른 문

장이나 말과의 무수한 관계가 숨어 있다고 할 수 있으리라. 이것이 비트겐슈타인이 '절대적인 것'이라는 말과 비교할 때 생각하는 '상대적인 것'이 아닐까.

이러한 '상대적인 것'과는 달리, 비트겐슈타인이 '윤리'의 영역이라고 생각하는 '절대적인 것'이란 어떤 것일까. '절대적인 것'이란 그러한 비교나 관계와는 전혀 관련이 없는 것이라고 할 수 있다. 그런 것은 완전히 격리된 곳에 있는 법이다. 대체 그것은 어떤 것일까.

'절대적인 것'과 비트겐슈타인이 생각한 '세계의 존재'에 관해 생각해보자. 세계가 존재하는 것에 진심으로 놀란다는 경험이다. 세계의 존재는 싫든 좋든 '그곳'에 있다. 우리가 무엇을 생각하든 어떤 감정을 지니든, 전혀 상관없이 물음의 여지 없이 존재한다. 우리는 그것을 부정할 수도 다른 양상으로 생각할 수도 표현할 수도 없다. 그저 놀라는 수밖에 없다. 그 존재 자체에 전적으로 경탄할 수밖에 없는 것이다.

그 존재의 모습을 이러쿵저러쿵 말하는 것이 아니다. 그 **존재 자체**에 대한 경탄이므로 그 **존재 자체**에 그저 압도당할 뿐이다. 말로 표현하는 것은 생각지도 못한다. 그 모습(세계는 어떻게 있는 것인가)이라면 심지어 다양하게 말로 표현하는 것마저도 가능하다. 하지만 세계의 존재 자체를 앞에 두면 우리는 말을 잃어버린다.

혹은 또 하나의 경험. 나라는 존재도 같을 것이다. 이 또한 이렇게도 저렇게도 할 수 없는 깊이를 알 수 없는 것이다. 이곳에서 세계가 시작되고 이곳에서 모든 것이 끝난다. 이 나=세계는 도망칠 수 없는 '절대적인' 모습을 하고 있다. 손을 쓸 방도가 없다고 해도 좋으리라. 아무리 말해도 우리는 누구도 결코 파고들 수 없는 유일무이한 나인 것이다. 그 이외의 어떤 모습도 어떤 가능성도 선택할 수 없는 나. 하물며 나라는 말로 표현하는 것조차 할 수 없는 이곳은 역시 '절대적인 것'이라고 할 수 있으리라. 표현으로는 가닿지 못하는, 말과는 격리된 지점이다.

이처럼 생각하면 비트겐슈타인이 생각하는 '윤리'는 우리가 '네 행동은 윤리적으로 이상하다'라고 가볍게 말할 때의 '윤리'와는 전혀 다른 것이다. 또한 '불륜' 같은 말로 표현하는 사태와는 전혀 상관이 없다. 손때 묻은 논의의 장에서 다루는 사안이 절대 아니다.

우리가 살아 있는 상대적인 세계란 완전히 떨어진 곳에 있는 절대적으로 압도적인 '무언가'가 아닐까. 요컨대 쉽게 말할 수 있는 일이 아니다. 말로 표현할 수 없는 것이므로. 세계의 존재나 나의 존재와 마찬가지로 '절대적인 것', 곧 '형언할 수 없는 것'이다.

그리고 비트겐슈타인은 '윤리에 대한 강연'의 마지막 부분에서 조금 신기한 말을 한다. '윤리'나 '절대적인 것'은 말로 표현할 수 없다. 하지만 만약 '윤리'나 '절대적인 것'과 필적할 수 있다면 그것은 '말의 존재'라고 말하는 것이다.

곧 만약 말에 절대를 요구한다면 그것은 '말의 존재 자체'라고 말한다. 과연 말이라는 존재도 매우 신기하고 놀라운 것이다. 곧 말 자체도 그 모습이나 작용과는 달리 그 존재 자체에 착안한다면 더없이 '절대적인 것'이다. 세계의 존재나 나의 존재와 마찬가지 정도로 놀라워야 하는 것이다.

세계가 존재하고, 나라는 유례없는 배경이 있고, 그 '나'가 사용하는 터무니없는 말이라는 것이 존재한다. 이것들은 우리를 압도하듯 존재한다. 우리가 아무리 애써도 절대 관여할 수 없듯이, 격리된 채 존재한다. 이들 모든 것이 '절대적인 것'이리라.

008

죽음

———

이 세계에는
존재하지 않는 것

—

나 자신에게 '죽음'은 가장 큰 문제다. 우리에게는 왜 그렇게까지 '죽음'이 절실할까. 우선 죽음은 평소에 경험하는 일이 아니기 때문이리라. 가령 다치거나 병에 걸리는 일은, 그야 물론 절실하고 공포를 느끼기도 할 테지만, 오래 살다 보면 스스로 경험할 수 있는 일이다. 그리고 자신은 경험하지 않더라도 지인이 병에 걸려 입원했을 때 병문안을 가기도 한다. 곧 다치거나 병에 걸린다면 자신도 경험하고, 타인의 경험으로 지식을 얻을 수도 있다.

그러나 '죽음'은 그럴 수 없다. 죽어버리면 그 사람은 이 세계에 존재하지 않는다. 지인이 죽었다고 해서 그 경험에 대해 이것저것 알려줄 수 있는 것도 아니다. 다시 말해 '**죽음'은 어디를 어떻게 찾더라도 이 세계에는 존재하지 않는 것**이다. '죽음'은 이 세계에서 경험하고 그 경험을 타인과 공유하는 것이 애초에 불가능한 사건이다.

우리는 '살아 있으므로' 이 세계에 존재한다. 이 세계에는 '삶'밖에 존재하지 않는다. 그렇기에 '죽음'은 터무니없이 두려운 것이리라. 누구도 죽음에 관해 사실대로 말할 수 없기 때문이다.

가령 피망을 싫어하는 사람이 있다고 치자. 아무리 싫어도 피망은 볼 수도 있고 만질 수도 있다. 벌레를 끔찍이도 싫어하는 사람은 어떨까. 그야 만지는 것은 어렵겠지만 보는 것은 가능하다. 곧 아무리 싫다고 해도 피망이나 벌레가 우리와 마찬가지 세계에 존재하는 것은 분명한 사실이다. 그러므로 싫어하거나 몸서리가 쳐지더라도, 무엇이 싫은지 무엇에 대해 몸서리가 쳐지는지는 누구나 확인할 수 있다.

하지만 '죽음'은 그렇지 않다. 이 세계의 이 구석에서 저 구석까지 찾아도 어디에도 존재하지 않는다. 그 뒷모습조차 찾을 수 없다. 아니, 뒷모습이나 그림자는 어쩌면 발견했는지도 모른다. '시체'라는 **사물**이 존재하기 때문이다. '시체'는 확실히 이 '삶'이 충만한 세계에 한때(짧은 시간이지만) 존재한다. '죽음'과 무척 관련이 깊은 존재라고 생각한다.

한편 '죽는다'는 것은 무엇일까. 비트겐슈타인은 어떻게 생각했을까. 그는 나=세계라는 입장에서 무척 명쾌하고 날카로운 '죽음'에 관한 생각을 제시했다. 다음과 같이 말한다.

죽음은 인생의 사건이 아니다. 인간은 죽음을 경험할 수 없다.

영원이란 끝없이 시간이 이어지는 것이 아니라 무시간이라고 이해한다면, 현재 속에서 살아가는 인간은 영원히 살아 있다.

우리의 인생은 우리의 시야에 경계가 없다는 것과 마찬가지로 끝이 없다.

– 《논리 철학 논고》 6.4311

그 또한 죽었을 때는 세계는 끝나지 않고 세계가 끝나는 것과 닮았다.

– 《논리 철학 논고》 6.431

비트겐슈타인에 따르면 나는 세계와 같은 것이다. 나라는 틀 속에서 세계는 나아간다. 이 세계 속에서 틀인 '나'는 등장하지 않는다. 틀이자 경계인 것이 그 내부에 나타나는 것은 불가능하기 때문이다. 나라는 틀 안에서 온갖 사건이 일어난다는 말이다.

한편, 그렇게 되면 내가 죽는다는 것은 어떤 것일까. 애초에 나는 죽을 수 있을까. 확실히 우리는 수많은 '죽음에 관련한 사건'을 경험한다. 하지만 아무리 수많은 '죽음에 관련한 일'을 보고 듣고 경험하더라도 그것은 모두 타인의 '죽음에 관련한 사건'이다. 주변 사람이나 동식물이 죽어갈 뿐이다. 물론 앞에서도 말했듯이 '죽음 그 자체'는 어디에도 등장하지 않는다.

나와 세계는 같으므로, 나의 죽음은 세계의 끝이다. 세계 자체의 틀이 사라져서 없어지는 것이므로, 모든 것이 사라져버린다. 단적으로 무가 되어버린다. 게다가 그 무를 확인하는 사람은 어디에도 없다. 세계가 없으므로. 그렇게 되면 세계의 끝, 곧 나의 죽음을 경험하거나 확인하는 사람 혹은 존재는 어디에도 없는 것이다. 완전한 무인 것이다.

곧 스크린 자체가 순식간에 사라지면 방영 중인 영화도 모두 사라져버리고 아무것도 남지 않을 것이다. 스크린이 나이므로 그것을 확인할 수 있는 사람은 어디에도 없다. 비트겐슈타인의 입장에서 보면 '세계가 끝난다'는 것은 그런 것이다. 그러므로 나가 그것(죽음=세계의 끝)을 경험하는 것은 상상조차 할 수 없는 일이다.

'나'가 세계와 같고 세계의 틀이라면, 세계 속 시간 진행은 나 자체와는 관련이 없다. 스크린의 흰색 천은 그곳에 비친 영화의 스토리가 지니는 시간과는 전혀 관련이 없다. 영화 속에서는 수많은 사람이 나이를 먹고, 시대가 흘러가기도 하지만 그 배후의 흰색 스크린은 그것을 그저 비추기만 할 뿐이며, 그 자신의 시간은 흐르지 않는다. 스크린은 스크린인 채로 움직이지 않기에 비로소 영화는 진행될 수 있다.

그것과 마찬가지로 나=세계는 세계 내부에서의 시대나 변화와는 연관 없이 계속 경계로 있다. 시간이 흐르기 위한 불변의(시간이 흐르지 않는) 틀로 계속 존재하는 것이다. 그 변화하지 않는 틀을 굳이 시간과 닮은 용어(실은 시간과는 관련이 없지만)로 말하면 **지금**이리라. 곧 **지금**이라는 흰 스크린에 수많은 사건이 연달아 비춘다. 그것이 시간의 흐름이다.

그 스크린에서 '끝없이 시간이 이어지는 것'을 '영원'이라고 말한다면 그 '영원'은 시간의 흐름과는 전혀 상관없는 지금이 '영원'에 고정된 것이라 할 수 있다. 틀(스크린) 자체에 시간이 존재하지 않기에 흐를 수 없으므로 비로소 스크린

위에 시간이 흘러가는 것이다.

우리의 시야에는 끝이 없다. 곧 우리의 시야를 외부에서 틀로 가두는 것은 불가능하다. 내가 세계의 중심(나=세계)이므로, 나의 시야를 파악하는 다른 나의 시야는 없기 때문이다. 자신의 눈으로 자신의 눈을 볼 수는 없다.

이것과 완전히 같은 의미에서 **지금**에는 틀이 없다. **지금**은 어디까지나 **지금**이며 무시간의 틀을 이룬다. **지금**은 절대 흐르지 않는다. 다르게 표현하면 언제나 **지금**이며 **지금**이 아닌 때는 어디에도 없다. 곧 내 삶은 **지금**이라는 틀 속에 있는 한 절대 끝나지 않는다는 것이다. 영원한 **지금**으로 계속 존재하는 것이다.

나_라는 세계의 발견

009

말로 표현할 수 없는 것

—

신 그리고
윤리

'말로 표현할 수 없는 것에 관해서는 침묵해야 한다'는 비트겐슈타인이 《논리 철학 논고》 마지막에 쓴 말로, 기존 철학자를 향한 것이다. '신'이나 '윤리' 등에 관해 다양한 말을 해온 전통적인 철학자들에 대해, 확실히 답이 나오지 않는 것에 대해, 이러쿵저러쿵 논의해도 전혀 의미가 없다고 말한 것이다. 말해도 소용없는 일에 관해서는 입을 다무는 수밖에 없다는 것이 비트겐슈타인의 생각이다. 아무 말이나 뱉는 것은 철학이 아니라는 말이다.

자연과학에서는 수많은 사람이 일치하는 다양한 법칙이나 실험 결과를 낸다. 수학이라는 공통의 언어로 같은 답이 나온다. 하지만 가령 '신'에 관해서는 기독교의 '신'이 있는

나_라는 세계의 발견

가 하면 이슬람교의 '신'도 있다. 신토神道[5]처럼 수많은 신이 있다는 생각도 있고, 불교처럼 '신'은 등장하지 않는 종교도 있다. 하지만 그 '신'에 관해 종교와 종교가 기탄없이 논의한다. 같은 기독교 안에서도 이단이니 뭐니 하며 싸우기도 한다. 그렇다고 해서 실험이나 관찰을 통해 이 '신'이 진짜 신이고 이 종교의 '신'은 존재하지 않는다고 판정하는 것은 불가능하다. 결국 진실(그런 것이 있다면)은 아무도 모른다.

윤리 또한 마찬가지다. 전쟁이 일어나면 살인죄라는 죄를 모두 잊어버리면서, 평화로울 때는 이웃과 갈등하다 실수로 사람을 죽이면 감옥에 가야 한다. 말도 안 되는 이야기다. 모두가 수긍할 수 있는 기준 따위는 어디에도 없다. 이렇듯 사람이나 상황, 시대에 따라 다른 '신'이나 '윤리'에 관해 말해서는 안 된다는 것이 비트겐슈타인의 입장이다. 이것은 조금만 생각해보면 맞는 말이다.

요컨대 진실이 뭔지 알지도 못하면서 실없는 소리를 지껄이지 말라는 것이다. 자신이나 공동체의 편견에 따라, 대충 떠들어서는 안 된다는 것이다. 그렇다고 비트겐슈타인이 신

---

5. 일본 민족 고유의 전통 신앙.

을 믿지 않는 비윤리적이고 비종교적인 인간이었느냐 하면 완전히 그 반대였다. 누구에게도 보이지 않는 일기에 늘 '신의 노예가 되고 싶다'고 쓸 정도로 종교적인 인간이었고, 일상생활에서는 윤리적으로 무척 엄격한 사람이었다. 그런 사람이기에 비로소 신이나 윤리에 관해 대충 지껄이는 자들을 참을 수 없었으리라.

이는 '보여주기'와 '말하기'의 구별로 이어지기도 한다. 비트겐슈타인은 이 두 동사에 착안하여 《논리 철학 논고》에서 무척 중요하게 구별했다.

쉬운 예를 하나 들면 아무리 훌륭한 말을 하는 사람이라도 뒤에서 별 볼 일 없는 짓을 하는 사람은 꽤 있으리라. 입으로는 '배려심을 갖자'고 말하면서('말하기'), 다른 사람의 마음을 생각하지 않고 차가운 행동을 하는 사람('보여주기'). 그 반대도 있을 수 있다. 타인을 그다지 칭찬하지 않고 쓴소리만 하는데('말하기') 지인이 곤경에 처하면 앞장서서 도와주는('보여주기') 사람. 곧 말로 이야기하는 것과 행동으로 드러내는 것과의 차이다. 엄밀히는 이렇게 단순한 구별이 아니지만 분위기는 이런 느낌이다.

이 차이에서 보면 비트겐슈타인에게 '신'이나 '윤리'는 '보여줘야' 하는 일이지 '말해야' 할 일이 아니다. 종교나 윤리에 관해서는 입으로 이러쿵저러쿵하기보다는 행위야말로 중요하다. '말하기'보다는 '보여줘야' 한다.

게다가 실은 윤리도 '말로 표현할 수 없는' 것이다. 비트겐슈타인은 《논리 철학 논고》에서 윤리(세계와 언어의 '얼개')에 관해 열변을 토했다. 사실 윤리란 말하면 안 되는 것이라는 게 그의 입장이다. 여기에서도 '보여주기'와 '말하기'의 차이가 중요하다.

윤리는 앞에서도 말했듯 '얼개'다. 이 '얼개'를 기초로 완성된 말로 말하는 것은 매우 이상한 일이 된다. 윤리는 세계 전체의 '얼개'이기도 하지만, 말 자체의 '얼개'이기도 하기 때문이다. 말로 할 때 자연스럽게 그 '얼개'가 드러난 것이리라. '얼개'가 없다면 말은 할 수 없다. 그러므로 '윤리'에 관해 '말하기'라는 것은 이른바 자동차를 운전하면서 운전하는 차의 구조를 따로따로 분리해 설명하려는 것과 같다. 그것은 절대 무리다. 대형 사고를 일으켜 운전하는 사람은 죽고 만다.

차는 달리고 있을 때 그 구조를 그대로 '보여준다'. 그것에 관해 '말하는' 것은 쓸데없는 일이다. '후지산이 아름답다'는 문장이 있을 때 주어('후지산이')가 있고 술어('아름답다')가 있다는 것은, 이 문장을 보면 자연스레 알 수 있다. 이 문장의 문법 구조(얼개)는 더는 '말할' 필요가 없을 정도로 '보인다'.

그러나 《논리 철학 논고》에서는 논리에 관해 이것저것 쓰여 있다. 그래서 비트겐슈타인은 논리를 말해버린 《논리 철학 논고》는 쓸데없는 책이라고 말한다. 원래라면 있어서는 안 되는 책인 것이다. 이 책은 '사다리' 같은 것으로, 그것을 이용하여 위로 올라가면(세계나 언어의 구조에 관해 이해한다면) 버려야만 한다고 말한다. 일회용 '사다리', 그것이 《논리 철학 논고》라는 책이다. 그는 다음과 같이 말한다.

나의 문장은 다음과 같은 장치로 설명하고 있다. 내가 여기에서 쓴 것을 이해하는 사람은 나의 문장을 꿰뚫고 나의 문장에 올라타고 나의 문장을 넘어서서 타오른 후에야 마지막으로 내 문장이 난센스라는 사실을 깨닫는다. (분명 사다리를 타고 난 후에는 그 사다리를 던져버릴 것이다.)

그 사람은 틀림없이 이들 문장을 극복할 것이다. 그렇게 하면 세계를 올바르게 보게 된다.

– 《논리 철학 논고》 6.54

이런 의미에서 '논리'도 '말로 표현할 수 없는 것'인 셈이다. 뭐라고 말하든, 말하기 위한 '얼개'이기 때문이다.

010

언어 게임

—

주고받으며
습득하는 모든 것

비트겐슈타인은 언어를 어떻게 생각했을까. 이것에 관해 생각해보고자 한다. 비트겐슈타인은 젊은 시절에 《논리 철학 논고》을 쓰고 나서 철학 문제는 모두 해결했다고 생각했다. 그 후 철학의 세계를 떠나 초등학교 교사, 교회 정원사로 일하면서 살았다. 그리고 다시 철학으로 되돌아와서 《논리 철학 논고》와는 꽤 다른 철학을 전개한다. 일상 언어 표현에 착안해나간 것이다. 곧 후기 비트겐슈타인의 가장 큰 특징은 언어가 쓰이는 현장에서 생각했다는 점이리라.

전기의 《논리 철학 논고》 시절과는 전혀 다르게, 세계의 '얼개'나 언어 체계(말을 하나로 합쳐진 전체로 생각하는 것)를 상정하는 것이 아니라, 지금 이곳에서 말을 사용하여 다양한 타인과 대화를 나누는 것에서 생각한 것이다. 심지어 그 대화를 하는 한 사람으로서 현재 진행형으로 말에 관해 이것저것 생각해나가는 방식이다. 실제로 말을 사용하는 '이곳에서', 어디까지나 사용하는 당사자로서, 말을 생각해나간다. 말을 주고받는 외부에는 절대 서지 않는 자세를 관철한다. 어디까지나 일상적으로 이루어지는 게임의 플레이어로서 탐구하는 것이다.

그러한 일상적인 말의 주고받음을 비트겐슈타인은 '**언어 게임**'이라고 불렀다. 누구나 가볍게 평소에 하는 일을 가리키는 '게임'이라는 말을 쓰는 것은 무척이나 비트겐슈타인답다고 생각한다. 어려운 말을 전혀 쓰지 않는 철학자니까. 비트겐슈타인은 우리에게 친근한 '게임' 같은 것으로서, 말을 이용한 활동이 존재한다고 생각했다. 그리고 우리는 언제나 이미 '게임'을 하고 있다. 말을 사용하여 일상적으로 '게임'을 하고 있는 것이다.

그 '게임'에 관해 여러 가지로 생각한다. 말은 게임 같은 것이므로 일상적으로 사용하는 언어를 '언어 게임'을 하면서 고찰한다는 것이다.

나_라는 세계의 발견

예를 들어 장기를 두는 사람이 장기라는 게임에 대해 직접 하나하나 손가락으로 가리키면서 생각하는 것과 같다. 반외팔목盤外八目[6]의 (객관적·평론가적) 입장에 서는 것이 아니라, 한 수 한 수를 어떻게 둬야 하는지 그때마다 고심하면서 실천적으로 장기란 무엇인지 계속 질문해나간다. 이것이 비트겐슈타인의 방법이라고 생각한다. 심지어 그때, 게임의 성질뿐 아니라 실제로 두는 사람의 몸짓이나 표정까지 관찰하고, 그것을 언어의 주고받음의 중요한 요소라고 간주하여 고찰해나가는 것이다. '언어 게임'은 언어만의 게임이 아니라 종합적인 게임이라고 할 수 있다.

다른 표현을 쓰면 이 언어의 주고받음은 우리의 생활이나 삶의 방식과 밀접하게 연관되어 있어서, 일종의 장을 형성한다. 게다가 그러한 장은 물론 하나가 아니다. 날마다 다양한 곳에서 수많은 사람에 의해 다른 말의 주고받음이 이루어진다. 게임에도 다양한 게임이 있듯이, 말의 주고받음도 다양하다.

그리고 그 말들의 주고받음은 똑같이 이어지는 것이 아니

---

6. 직접 바둑을 두는 사람보다 옆에서 구경하고 훈수를 두는 사람이 8집 이상 유리하다는 유명한 바둑의 격언.

라, 규칙이 그 장면에서 바뀌거나 오류가 생기거나 규칙을 위반하는 사람이 나오는 등 다양한 일이 벌어진다. 일상생활의 다양한 사건이 그렇듯, 보통 방법으로는 해낼 수 없다. 이것이 비트겐슈타인이 말하는 '언어 게임'이리라.

비트겐슈타인이 말을 습득하는 과정을 무척 소중히 여기는 것도 이것과 연관이 있다. 말은 그 자체도 항상 수많은 사람에 의해 사용되고 성장하며, 때로는 정체한다. 크고 작은 다양한 '언어 게임'에 따른, 무수한 사람이 참여하는 언어라는 종합적인 일은 항상 변화를 거듭한다. 그러한 언어에 대해 완성된 체계로서 생각하거나 언어를 변하지 않는 것으로 간주하는 일은, 언어 자체의 본질과는 동떨어진 것이다.

언어는 우리가 그것을 습득하는 과정처럼 항상 새로운 말이나 용법이 등장하고, 계속해서 수준이 높아지며, 때로 몇 개의 말이 사라지기도 하는 활동이다. 생생한 언어 습득 과정처럼 평소의 언어 게임도 변화하고 계속 성장하는 것이다.

비트겐슈타인이 '언어 게임'을 정의하는 문장을 살펴보자. 《철학적 탐구》에 나오는 말이다.

이런 식으로 생각할 수 있다. 2절(어느 목수가 조수에게 건축재 네 개를 가져오게 하는 말의 주고받음)에서 말을 사용하는 프로세스 전체는 아이가 모어를 습득할 때 하는 게임 중 하나다. 그러한 게임을 나는 '언어 게임'이라고 부르기로 한다. 때로는 원시적인 언어를 언어 게임이라고 간주할 생각이다. (중략)

언어뿐 아니라 언어와 관련한 행동도 모두 포함해 그 전체를 나는 '언어 게임'이라 부르기로 한다.

– 《철학적 탐구》 7

'언어 게임'이라는 말을 최초로 소개할 때 '모어 습득', '언어와 관련한 행동도 모두 포함한다'는 것 등을 중시했다는 점에서 비트겐슈타인의 독자적인 언어관이 확실히 드러난다고 할 수 있다. 우리는 분명 일정한 나이가 되면 모어(어릴 때부터 습득한 말)를 익히고, 자유자재로 구사할 수 있게 된다. 다만 언어는 살아 있는 생물처럼 언제고 변화를 거듭하므로, 모어를 습득했다고 생각한 후라도 언어를 계속 습득하는 일은 이어진다. 아니, 애초에 '습득했다'고 말할 수 있는 단계가 있는지조차 의심스럽다. 가령 일본어라면, 나만 해도 읽지 못하는 한자가 지금도 셀 수 없이 많은 데다 평소에 사용하는 말도 그 의미를 정확히 알고 있는지 사전을 찾아보지 않으면 조금 불안할 때가 있다.

게다가 네이티브가 아닌 사람이 모어 이외의 언어를 공부할 때는 죽을 때까지 그 언어를 습득하는 중이라고 해야 할 것이다. 그 사람의 언어 체험은 모어를 중심으로 습득 중인 다른 언어가 다양한 의미로 들어와서 복잡하고 깊게 변해버리지 않았을까. 이처럼 어떤 사람이라도 언어와의 관련성은 항상 습득하는 도중이라고 할 수 있다.

그렇기에 비트겐슈타인은 이러한 습득의 과정을 중시한 것이라 생각한다. 살아서 움직이는 언어의 프로세스야말로 언어의 진정한 모습이다. 완성된 '체계'나 생성된 규칙은 말의 본질이 아니라는 것이다.

말의 주고받음에는 다양한 종류가 있다. 가족과 대화할 때를 상정해보자. 가족이라 해도 아버지, 어머니, 자녀, 배우자, 할아버지, 할머니 등 각각에 대해 말을 쓰는 방식이 다를 것이고, 그 가족의 구성에 따라서도 다른 게임이 된다. 가령 어떤 사람의 아버지가 홋카이도 출신이고 어머니가 시코쿠 출신이라면 그 사람이 아버지와 이야기할 때와 어머니와 이야기할 때는 부모의 출신지 말에 영향을 받아 미묘한 차이가 있을 것이다. 물론 아버지, 어머니와는 저마다 이야기하는 내용도 다를 테고, 사용하는 말 자체도 다를 것이다. 이렇게 생각하면 아버지, 어머니와 이야기하는 두 개의 말이나 주고받음은 확실히 다른 '언어 게임'이다.

더욱이 아버지, 어머니, 나 이렇게 셋이서 말을 주고받게 되면 또 달라질 것이다. 나아가 복잡한 양상을 드러낸다. 거기에 형제자매가 들어오면 더욱 복잡한 '게임'이 된다. 물론 이들 게임은 닮은 부분도 있는가 하면 다른 부분도 있겠지만, 한 가족조차 이렇게나 많은 조합이 있을 정도이니, 가족 이외의 사람과 말을 주고받는 양상이나 종류는 아마도 무한하다고 말해도 좋으리라.

그러한 무한한 주고받음(언어 게임)은 유사한 점에 의해 서로 겹쳐 있다. 출신지가 같다든가, 성별이나 취미, 기호 등 언어 게임 참가자의 다양한 요소가 언어를 주고받을 때의 관계를 복잡하게 만들고, 언어 게임의 유사성을 무한에 가까운 것으로 만들어간다. 비슷한 상대라도 친밀도나 관계를 맺기 시작한 나이, 최근에 만났는가 등 말의 주고받음은 그때마다 변화할 것이고 그러한 변화하는 요소는 열거하자면 끝이 없다. 이러한 말의 주고받음이 띠는 무수한 양상을 모두 '언어 게임'이라고 비트겐슈타인은 말한다.

011

가족 같은
유사성

—

닮은 점이 있는
막연한 집합체

비트겐슈타인은 말을 통한 주고받음을 '언어 게임'이라고 표현했다. 그다운 표현이다. 일단 전혀 '철학'스럽지가 않다. '말'(언어)과 '게임'이라는 누구라도 언제든 쓸 수 있는 말을 결합했을 뿐이므로. '말장난'이라고 번역하고 싶을 정도다.

한편, 그러한 수많은 '언어 게임'의 무척 복잡한 관계를 비트겐슈타인은 어떻게 생각했을까.

비트겐슈타인은 '게임'이라는 말이 '가족적 유사성'(친족과 가족의 다양하게 닮은 점이 서로 겹쳐 있는 상태)과 같은 모습을 띤다고 말했다. 이는 '게임'이라는 말뿐 아니라, 모든 말에 해당한다. 가령 비트겐슈타인은 '언어'라는 말에 관해 다음과 같이 말했다.

> 그러나 언어라고 불리는 모든 것에 공통되는 '무언가'를 지적하는
> 대신에 나는 이렇게 말하고 싶다. 그들 현상에는 무엇 하나 공통되
> 는 것이 없다. 모든 것에 대해 같은 말을 쓸 수 있는 공통항은 없다.
> 그러나 그런 현상은 실로 다양한 방식으로 서로 친척 관계에 있다.
> 이 친척 관계에, 혹은 이들 친척 관계 때문에, 우리는 그들 현상을
> 모두 '언어'라고 부르는 것이다.
>
> ─ 《철학적 탐구》 65

여기에서 비트겐슈타인은 같은 '언어'라는 말을 사용한다
고 해서 공통된 성질을 지니는 것은 아니라고 말한다. 여러
다양한 닮은 점이 서로 겹쳐서 하나의 막연한 집합체를 형
성한다는 것이다. 비트겐슈타인은 이를 '가족적 유사'라고
불렀다.

가족이나 친척이 모이면, 우리는 여러 닮은 점을 찾아낼
수 있다. 눈썹의 특징, 코의 생김새, 말투, 목소리, 성격, 키
등 수많은 다양한 특징이 서로 겹치는 느낌으로 닮았다. 하
나의 가족이나 친척은 단 하나의 공통된 특징을 지니는 집

나_라는 세계의 발견

단이 아니라, '닮은 점'이 다양하게 서로 관계 맺고 있다. 어찌 보면 당연한 사실이지만, '언어'나 '언어 게임'이라는 명사를 머릿속에 떠올리면 같은 특징을 지닌 하나의 집단을 떠올리기 쉽다. 단 하나의 공통된 특징을 지니고 있기에 비로소 똑같은 말로 표현된다고 생각해버리는 것이다. 하지만 말이 같을 뿐, 그 대상이 같지는 않다. 언어의 세계와 우리가 살아 있는 세계는 전혀 다른 성질을 지니고 있으므로. 우리의 이 세계는 유일무이한 무수한 사물이 복잡한 관계를 이루는 것이다. 그야말로 '가족적 유사'다.

비트겐슈타인은 이 가족적 유사에 대해 '게임'이라는 말에 빗대어 다음과 같이 설명한다.

가령 '게임'이라 불리는 프로세스를 관찰해보자. 보드 게임, 카드 게임, 볼 게임, 격투 게임 등이다. 이들 모든 것에 공통되는 점은 무엇일까? "틀림없이 무언가 공통되는 것이 있을 것이다. 그렇지 않으면 '게임'이라고 불리지 않을 거야"라고 말하지 않았으면 한다. (중략) 왜냐하면 자세히 보면 모든 것에 공통되는 특징은 보이지 않더라도 유사점이나 친척 관계가 보일 것이다.

– 《철학적 탐구》 66

우리의 '언어 게임'도 마찬가지다. 말의 주고받음이 다양하기 때문이다. 가령 '둘만의 대화'라는 점에서 생각해보면 부모 자식이나 연인 사이, 일대일로 벌이는 말싸움, 선생님에게 혼나는 학생 등 다양한 패턴이 있다. 어느 것이든 '둘이서 이야기한다'는 공통점(유사성)을 지적할 수 있으리라.

그 외에도 한 사람이 많은 사람 앞에서 이야기하는 '언어 게임'도 있다. 학교 수업, 콘서트 MC, 토론 프로그램 사회, 국회 연설 등 이 또한 다양하다. 그리고 이들 '언어 게임'에 내재하는 유사점을 통해 다른 집합을 만들어볼 수도 있다. 가령 '친밀하게 말한다'는 유사점이라면 '부모 자식, 연인 사이, 콘서트 MC'라는 집합이 생기고, '날 선 대화'라는 유사점이라면 '말싸움, 선생님에게 혼나는 학생, 토론 프로그램의 사회'가 되고, '교육 현장에서 일어나는 언어 게임'이라는 유사점이라면 '선생님에게 혼나는 학생, 학교 수업' 등으로 나누어볼 수 있다.

고작 이 정도 '언어 게임'의 예에서도 유사성이라는 그물코가 여럿 생긴다. 우리가 하는 '언어 게임'의 방대함을 생각하면 이런 유사성은 무수하다. 그렇게 되면 수많은 유사성이 서로 겹쳐 집합의 크기가 각기 다른, 다양한 관계가 만들어질 것이다.

비트겐슈타인이 '게임'이라는 말로 설명하듯, 장기든 바둑이든 체스든 오셀로든, 야구든 축구든 마작이든 이 모두는 '게임'이고, 때에 따라서는 연애나 정치, 전쟁도 '게임'이라고 할 수 있으리라. 참가 인원수, 구체적인 접촉 유무, 방법, 실내외의 차이, 관객의 유무 등 수많은 유사점과 수많은 차이점을 지니는 모둠을 우리는 '게임'이라고 부르는 것이다.

'게임'이라는 말은 확실한 범위를 지니는 개념이 아니라 무척 막연한 영역이다. '게임'이라는 말은 다른 말과도 공통점을 지니는 것이며, 그 경계는 슬금슬금 다른 말로 옮겨간다. 물론 '게임' 이외의 말도 '가족적 유사'에 의해 막연한 집합을 이룬다. 그러므로 가령 '둘이서 하는 것'이라는 공통항이라면 '데이트' '악수' '만담 연습'처럼 '게임' 이외의 집합으로도 서로 겹치게 된다.

말의 모둠 하나는 이러한 '가족적 유사성'에 의해 생겨난다. 마찬가지로 우리의 '언어 게임'이라는 언어 활동도 '가족적 유사성'을 통해 생겨나는 것이다.

이렇게 바라보면 비트겐슈타인은 언어를 다이내믹하게 변화해가는 것, 다양한 요소를 지니는 것, 나아가 다양한 활동과도 경계 없이 관련짓는 것이라고 생각했다는 사실을 알 수 있다. 비트겐슈타인이 생각하는 '언어'란 한순간도 멈추지 않고 변화하고 성장하는 동적 프로세스였다.

012

말의 의미

제대로
사용하는 것

비트겐슈타인에게 말은 무척 중요한 문제다. 말은 우리 생활에 밀착되어 있기 때문이다. 말이 없다면 인간은 아무것도 시작하지 못한다. 말이 통하지 않는 외국에서 혼자 살아본 사람은 절실히 와닿으리라. 말은 우리 인간에게 정말로 중요한 것이다. 비트겐슈타인도 우리가 말을 사용한다는 것은 우리의 생활 방식('**생활 형식**'이라고 말한다) 자체라고 말한다. 말과 우리의 삶은 결코 떼어놓을 수 없다. 우리는 태어날 때부터 줄곧 말과 함께 살아왔으므로.

여기에서는 그런 말에 대해 생각해보자. 우선 말의 '의미'부터 살펴보자. 비트겐슈타인은 '말의 의미는 그것을 사용

나_라는 세계의 발견

하는 것이다'라고 했다. 무슨 뜻일까? 이 말이 나오는 부분을 인용해보겠다.

> '의미'라는 단어가 사용되는 (모든 경우가 아니라 하더라도) 대부분의 경우 이 단어는 다음과 같이 설명할 수 있다. 단어의 의미란 언어에서 쓰이는 방식이라고.
> 그리고 이름의 의미는 때로는 그 이름의 소유자를 가리킴으로써 설명되기도 한다.
>
> – 《철학적 탐구》 43

애초에 '말의 의미'라고 했을 때, 우리의 머릿속에 그려지는 것은 무엇일까. 가령 '컴퓨터'라는 말의 의미를 생각해보자. 가장 이해하기 쉬운 것은 '컴퓨터 자체'이리라. '컴퓨터'라는 말의 의미는 '컴퓨터' 자체다, 라는 뜻이다. 왜냐하면 '컴퓨터'라는 말은 '컴퓨터 자체'를 가리키므로. '이 컴퓨터 얼마인가요?'라고 매장 직원에게 물으면 틀림없이 바로 앞에 있는 컴퓨터의 가격을 알려줄 것이다. 이때 '컴퓨터'라는 단어는 코앞에 있는 컴퓨터를 '의미'한다. 비트겐슈타인도 분명히 말했듯 '이름의 의미는 때로는 그 이름의 소유자를 가리킨다'.

한편 말은 '컴퓨터'처럼 코앞에 있는 것을 가리키지만은 않는다. 물론 '초콜릿'이나 '집', '도로', '요시노야'[7], '나카무라 노보루'와 같이 바로 알 수 있는 사물이나 인물을 가리키는 말도 있지만, 그 외에도 말의 종류는 산더미처럼 많다. 지금 예로 든 말과 같은 명사에도 다양한 종류가 있다.

가령 '우정'은 어떤가. 어디에도 가리키는 대상은 없다. 얼추 들어맞을 것 같은 사람을 두 명 떠올리면 '우정' 비슷한 풍경은 떠오르지만, 그것이 '우정 자체'는 아니다. 또 '보통'이라는 명사는 어떤가? 이 명사가 대상으로 삼는 것을 상정할 수 있는가? '우정'보다 어렵지 않은가? 그렇다면 '추상'이라는 명사는 어떨까. '추상'이라는 명사 자체가 꽤 추상적이므로, 무언가를 가리키기는 하는 것 같지만 구체적으로 이렇다 할 것은 전혀 떠오르지 않는다.

이렇듯 다양한 명사를 떠올려보면 아무리 애를 써도 '초콜릿', '테이블', 고유명사처럼 되지는 않는다. 가리키는 대상인 사물 자체가 이해하기 쉽게 존재하지 않기 때문이다. 게

---

7. 일본 규동 체인점.

다가 이해하기 쉬운 고유명사도 대상이 의미가 되면 이상해진다. '나카무라 노보루'의 의미가 '나카무라 노보루'라는 서류상 명칭을 지닌 인간이라면, 나카무라 노보루가 살아 있는 동안에는 분명히 그 대상은 존재한다. 하지만 나카무라 노보루도 언젠가 죽을 것이므로, 그 대상은 이 세계에 존재하지 않게 된다. 그러면 고유명사 '나카무라 노보루'의 의미는 사라져버리는 것일까. 나카무라 노보루가 사망한 후 '나카무라 노보루'라는 명사를 써서 추억 이야기를 나눌 때, 그 '나카무라 노보루'라는 명사는 의미를 지니지 않는 것일까.

나아가 말은 명사만 있는 것이 아니다. 그 밖에도 다양한 종류가 있다. 동사, 형용사, 접속사, 부사, 조사, 조동사 등. 그 어떤 것도 명사와는 비교되지 않을 정도로 구체적이지 않다. 곧 대상을 특정하는 것은 꽤 어렵다. '걷다'라는 동사만 봐도 '걷는 사람'이라면 어떻게든 이해할 수 있지만, '걷다' 그 자체는 알쏭달쏭하다. 매우 추상적인 것이다. '아름답다'도 마찬가지다. '아름다운 사람'이나 '아름다운 그림'이라면 어떻게든 그 대상을 떠올릴 수 있지만 '아름답다' 자체는 어쩔 도리가 없다. 그러니 '그러나' '무척' '없다' '와/과' 등 다른 품사는 발붙일 데도 없다.

이렇게 생각하면 말의 의미가 그것이 가리키는 대상이란 것은, 애초에 의미의 정의로 삼기는 어렵다. 그렇다면 다시, 말의 의미란 무엇인가. 비트겐슈타인의 답은 '사용'이었다. 대체 무슨 말일까. 약간 각도를 바꿔 생각해보자. 우리가 '말의 의미'를 안다는 것은 어떨 때인가? '아, 이 사람은 이 단어의 의미를 제대로 알고 있구나'라는 생각이 드는 때는 어떤 때인가?

우리가 어떤 말의 의미를 모를 때, 가령 '바이러스'라는 말의 정확한 뜻을 모를 때, 감염병 전문가에게 질문하면 정확한 답을 해줄 것이다. 그러면 '아, 그런 의미구나'라고 이해할 수 있다. 그리고 그 전문가는 (당연하지만) '바이러스'의 뜻을 안다는 말이리라.

하지만 이런 경우는 드물 것이다. 말의 의미를 일일이 물어볼 수는 없다. 게다가 명사만 있는 것이 아니므로 설명하기 어려운 말도 있다. 그렇다면 어떨 때 그 사람이 '말의 의미'를 안다고 할 수 있을까.

가령 오랜만에 만난 친구에게 "요새 뭐 먹어?"라고 물었는데 "음, 루빅큐브만 먹어"라고 대답했다고 치자. 그러면 나

나_라는 세계의 발견

는 그 친구가 '루빅큐브'라는 말의 의미를 모르는구나, 라고 생각할 것이다(물론 '루빅큐브'라는 희한한 이름의 요리를 파는 음식점이 없다는 전제하에서지만).

혹은 우리말을 공부하는 외국 친구에게 "'내가 먹습니다'와 '나는 먹습니다'의 차이는 무엇입니까?"라는 질문을 받았다고 치자. 국어학자가 아닌 이상, 정확하게 답하기는 어려울 것이다. 다만 그런 사람이라도 어릴 때부터 우리말을 모어로 구사한다면 '가'와 '는'의 차이는 설명하지 못하더라도 구체적인 문장 안에서 틀리지 않고 정확히 구별해서 사용할 수 있으리라.

곧 우리가 말의 의미를 안다는 말은 그것을 틀리지 않고 제대로 사용한다는 것을 뜻한다. '루빅큐브'는 음식이 아니고 '내가 먹습니다'와 '나는 먹습니다'는 문맥에 따라 미묘한 차이가 있다는 것을 충분히 이해한 다음에 실제 언어 게임에서 다른 사람과 마찬가지로 사용할 수 있다는 것이 곧 말의 의미를 알고 있다(체득했다)는 뜻이다.

이러한 의미에서 **말의 의미는 곧 말의 사용**이다. 제대로 쓰는 것이 곧 의미를 이해하는 것이다. 의미가 그 말과 다른 곳에 존재하는 것이 아니라 실제로 쓰는 장면에서의 사용,

그 자체라고 할 수 있으리라. '의미'는 쓰는 현장과는 다른 곳에(가령 '사전' 안에, 우리의 뇌 속에, 이데아적인 세계에) 존재하지는 않는 것이다. 말의 주고받음이 문제없이 진행되었을 때 그 이면에 있는 것(물론 '사물'처럼 존재하는 것이 아니지만)이라는 느낌일까. 어쩌면 그것은 한 단어 한 단어의 뒷면이 아니라 문장 전체의 주고받음 속에 나타났다가 사라지는 편이 좋을지도 모르겠다.

그러므로 비트겐슈타인처럼 생각한다면 말의 의미는 사과나 찻잔처럼 확실히 어딘가에 존재하는 것이 아니다. 다양한 말의 주고받음 속에서 (만약 '의미'라는 것이 있다는 전제에서지만) 제대로 말을 쓰고 있는지와 깊이 연관되어 존재한다. 곧 그 사람이 어떻게 말을 쓰는지를 보고 있으면 그 사람이 그 말의 의미를 아는지 모르는지 알 수 있다. '의미'는 어디까지나 언어 사용의 현장에 나중에 등장하는 것이다.

안쪽에 '의미' 부분이 있어서 그것을 말로 표현하는 것이 아니다. 말이 처음부터 쓰이고 있고, 그 말을 제대로 (다른 사람이 위화감을 갖지 않도록) 대화에서 쓸 때 비로소 '의미'가 되는 것이 있다는 느낌이다. 곧 '의미' 같은 헷갈리는 말을 굳이 꺼내지 않더라도 대화는 자연스럽게 진행되고, 소통은 충분히 이루어진다. '말의 의미란 무엇인가?'라고 물어봤을 때, 굳이 답하고자 애쓴다면 '그 말을 틀리게 쓰지 않고, 다른 사람이 쓰는 방법과도 모순되지 않을 때, 우리는 그 말의 뜻을 알고 있다고 말하죠'라고 답할 수 있는 느낌이랄까.

그러므로 강하게 말하면 애초에 '말의 의미 따위 존재하지 않는다'고 말할 수도 있으리라. 적어도 '네, 이것이 의미입니다'라고 눈앞에서 꺼내어 보여줄 수 있는 것은 절대 아니다. 그 말과 관련한 '대상'도 아니고, 그 말에 따라 떠오르는 '이미지'도 아니다. 하지만 만약 '의미'가 '있다'고 가정한다면, 말을 제대로 쓰고 있을 때 그 말의 '의미는 있다'고 말할 수 있다. 이렇게 표현한다면 '의미'라는 말을 써도 좋지 않을까 하는 것이다.

013

나만의 말

—

나만 알 수 있는
어떤 의미

우리는 말을 사용함으로써 일상생활을 이어나간다. 부탁할 때, 인사할 때, 가르칠 때, 질문할 때, 모든 상황에서 말을 사용한다. 인사나 간단한 부탁을 할 때는 거의 정해진 표현을 사용하므로 그다지 문제가 생기지 않을 것이다. 그저 정해진 문구를 주고받기만 하는 것이기에, '안녕'이라고 하면 '안녕'이라고 답하고, '그 컵 좀 줘'라고 말하면 '네'라고 말하고 컵을 집어 주기만 하면 되니까.

하지만 이 또한 잘 생각하면 무척 신기한 습관이다. 인사는 특히 아무런 의미도 지니지 않는다. 다만 서로 소리를 냄으로써 안심하는 의식이 아닐까. 이 행위에는 기분이나 의미는 전혀 들어 있지 않은 듯하다. 무척 소중한 의식이기는 하지만.

　이러한 일상의 주고받음은 어떤 의미에서 말의 표면적인 응답, 혹은 캐치볼이라고 할 수 있을지도 모른다. 서로 말이라는 공통의 소리를 내면서, 거의 정해진 반응을 주고받는다. 물론 그것에 의미 비슷한 것이 있는지도 모르지만, 그렇게 큰 역할을 하지는 않는 것 같다. 일단 저쪽에서 말을 던지면 이쪽에서도 적당한 말을 던진다. 그야말로 캐치볼이다.

　하지만 쉬운 말을 주고받는 캐치볼이 아니라 사전에는 실려 있지 않은 말을 반드시 쓰고 싶어지면 어떤 상황이 벌어질까. 지금껏 누구도 쓴 적이 없는 말을 쓰고 싶어지면? 그렇다면 스스로 그 말을 만들어내는 수밖에 없다.

　가령 '가슴 아픈 실연을 하고 일 년 정도 지나서 겨우 상처는 아물었지만 이따금 찾아오는, 자신만이 느끼는 깊은 공허감 같은 것'. 이렇듯 표현했으므로 '공허감'이라는 말은 알 수 있다. 하지만 이 말은 만들어낸 당사자만 느끼는 감정이므로 이 설명은 온전치 않다. 곧 말은 자신의 감정과는 동떨어져 있다.

　왜냐하면 그 사람이 실연한 상대의 표정이나 몸짓, 함께 간 장소, 나눈 대화들, 그 상대의 다정함이나 마지막 이별할 때의 대화 등 지극히 개인적인 수많은 기억이 그 '공허감 같은 것'에 흠뻑 젖어 있기 때문이다. 그러므로 앞에서 소개했듯, 긴 문장으로 설명했다 해도 그것은 그 사람의 '진짜 심정'에는 절대 가닿지 못한다.

혹은 이따금 느끼는 왼쪽 복부의 거북함. 아프다고 할 정도는 아니고, 괴로운 것도 물론 아니다. 다만 아주 조금, 복부의 특정한 부분이 주변에서 멀어져가는 듯한 이상한 느낌. 이것은 어떨까. 이것도 자신은 알고 있지만, 말로 설명하려 하면 무척이나 어렵다. 아니, 불가능하다.

처음에 말한 '공허감 같은 것'이든 '거북함'이든 말로 표현한 순간에야 확실히 누구나 알 수 있는 내용이 된다. 아니, 정확히 말하면 아는 듯한 기분은 든다. 그것은 이러한 말을 들은 사람이 이 언어를 알고 있고 설명에서 쓰인 말을 자기들도 써서 이미 익숙하기 때문이다.

하지만 익숙한 말을 통해 이해했다고 생각하는 그 의미는 원래의 '공허감 같은 것'이나 '거북함'에는 절대로 도달할 수 없다. '공허감 같은 것'이나 '거북함'이 지니는 복잡하고 매우 개인적이고 유일무이한 내용이 말이 된 순간 사라져버렸기 때문이다. 말이라는 것은 누구나 알 수 있고 누구나 쓰는 것으로, 사용자 각각의 내면이나 사적 영역과는 전혀 다른 것이다. 그렇기에 바로 말은 모든 사람이 사용할 수 있는 것이기도 하다. 비트겐슈타인은 이러한 '나만의 말'을 다음과 같이 설명했다.

> 한편 누군가가 자신의 내적 체험을 (자신의 감정이나 기분 등을) 자신만을 위해 기록하거나 말할 수 있는 언어라는 것을 생각할 수 없을까? 그런 것이라면 우리의 보통의 언어로 가능하지 않을까? 아니, 그렇지 않다. 내가 생각하는 언어의 낱말은 말하는 사람만 알 수 있는 것을 의미한다. 그 사람의 직접적이고 사적인 감각을 지시하는 것이다. 타인은 이해할 수 없는 언어다.
>
> – 《철학적 탐구》 243

여기에서 비트겐슈타인이 단언하듯, 이러한 자신의 내적 체험을 드러내는 표현은 결국은 '타인은 이해할 수 없는 언어'일 수밖에 없다. 하지만 그것은 결국 언어가 아닌 것이다. 타인과 소통하기 위한 것이 언어라면, 자신만이 이해할 수 있는 언어를 만들어내는 시점에서 이미 아무런 의미도 없다. 자신만 알면 된다면 이미 말은 필요 없기 때문이다. 자

나_라는 세계의 발견

신의 안쪽 사정을 나타낸다 하더라도, 우리는 누구나 알 수 있는 바깥쪽 언어를 쓸 수밖에 없기 때문이다. 그렇게 대화가 성립한다. 곧 안쪽의 것은 안쪽인 채로는 대화에 등장하지 않는다. 누군가의 것도 아닌 '바깥쪽 언어'로 반드시 변해버리기에. 아니, 처음부터 '바깥쪽 언어'만이 존재한다.

반대로 말하면, 그렇기에 의사소통이 성립한다. 가령 오랜만에 만난 친구에게 "요즘 어떻게 지내? 건강하고?"라는 질문을 받고 그때 다양한 사적인 상황이나 심신의 상황(순수히 '내적인 것')을 정확히 상대에게 전하려고 아무리 말을 해도 그것을 고스란히 표현할 수는 없다. 애초에 자신 안에서도 어떤 말로 표현하면 좋을지 생각하고 고민하다가 입을 다물고 말 것이다.

그렇기에 우리는 무난하게 "잘 지내"라든가 "조금 힘들어" 같은 (자신의 복잡한 상태에 비하면) 거의 아무것도 말하지 않은 것과 다름없는 말을 내뱉고는 그 상황을 모면하는 것이다. 평소에 쓰는 말의 주고받음으로 우리는 언제나 상황을 모면할 뿐이다. 우리가 나누는 대화 대부분은 이러한 표면적이고 의식적인 주고받음으로 관철되어 있다고 해도 좋다. 이 의식적인 주고받음은 한없이 인사에 가깝다고 하는 편이 더 좋을지도 모른다.

그러므로 비트겐슈타인의 말처럼, 우리의 **'사적인 것'은 결코 언어화될 수 없다.** 만약 언어화되었다면 그것은 이미 '사적인, 자신만의 것'이 아니게 된다. 이것이 '모두의 것이기도 하고 누구의 것도 아닌' 말의 가장 큰 특징이라고 할 수 있으리라. 이것의 옳고 그름은 별개로 하고 말이다.

014

문법에 의한 오류

말이 파놓은
함정

젊은 시절에 쓴 《논리 철학 논고》에서도 말했는데, 비트겐슈타인은 철학은 '언어 비판'이라고 했다. 이러한 태도는 그가 눈을 감을 때까지 한결같았다. 그러고 보면 비트겐슈타인의 철학은 처음부터 끝까지 '언어 비판'이었다. 물론 비트겐슈타인이 두 명이라는 말이 나올 정도로 젊은 시절의 비트겐슈타인과 만년의 비트겐슈타인은 언어 비판의 내용이 다르다. 하지만 평생 철저히 언어에 천착한 것만큼은 사실이다.

그는 왜 말에 집착했을까? 그것은 우리 생활에 말이 깊숙이 파고들어 있기 때문이다. 파고들기만 했다면 괜찮은데, 파고들어 있기에 여러 가지 착각을 범한다. 우리 생활의 일부

나_라는 세계의 발견

이자 무언가를 생각하기 위해 꼭 필요한 말이 우리에게 이따금 나쁜 영향을 끼친다. 그것을 깨닫게 하는 역할을 바로 철학이 한다는 것이다. 우리 일상의 언어 사용을 점검하고 약간 이상한 부분을 지적하는 것. 이것이 비트겐슈타인의 후기 철학이다. 그런 의미에서 '언어 비판'이다.

따라서 비트겐슈타인이 딱히 딴소리를 한 것은 아니다. 우리가 말을 어떻게 쓰는지 '기술'하고 그 문제점을 지적한 것뿐이다. 특히 철학자의 말에 이러한 문제가 잘 드러나기에 비트겐슈타인은 기존 철학자의 오류에 주목한다. 그는 필요 없는 문제를 만들거나, 굳이 논의하지 않아도 되는 것을 논의하는 철학자들을 비판했다. 물론 이것은 일반적인 말의 사용법에도 영향을 주므로 우리의 언어 표현도 무척 중요한 문제다.

이러한 이야기를 할 때 비트겐슈타인은 **'문법'**이라는 말을 쓴다. '문법' 하면 학교에서 배우는 말의 체계가 먼저 떠오를 것이다. 그러나 비트겐슈타인이 주로 다루는 것은 그 '문법'이 아니다. 학교에서 배우는 문법을 비트겐슈타인은 '표층 문법'이라고 부른다. 우리가 쓰는 말의 구조나 체계를 뜻한다. 물론 그도 그런 의미에서 '문법'이라는 표현을 쓰기는 한다. 하지만 비트겐슈타인이 문제로 삼은 것은 또 하나의 '문법'이다. 이를 비트겐슈타인은 '심층 문법'이라고 했다. 이 '문법'은 우리가 평소에 눈치채지 못하는, 말의 다양한 성질이라고나 할까. 혹은 '말의 무의식'이라고 할 수도 있다. '무의식'이라는 개념을 무대 위로 끌어낸 정신분석학자 프로이트에 대해 비트겐슈타인은 무척 복잡한 감정을 품었기에, 이런 말을 안이하게 해서는 안 되는지도 모르지만.

그렇다면 '심층 문법'이란 어떤 것일까. 지금껏 쓴 내용과 겹칠 수도 있는데, 이 '문법'을 통해 우리는 종종 오류를 범한다. 이를 두고 비트겐슈타인은 '문법에 의한 오류'라고 말한다. 그 내용을 살펴보자.

확실히 우리는 말을 지님으로써 좋은 경험도 많이 한다. 다른 사람에게 이런저런 부탁을 할 수 있다. 고민거리가 있으면 친한 사람에게 의논할 수 있다. 만담을 들으면서 웃을 수도 있다. 영어나 소설 내용을 이해할 수 있다. 다른 사람과 약속을 할 수도 있다. 우주나 지구가 어떻게 이루어져 있는지도 설명할 수 있다. 그 밖에도 셀 수 없이 많다. 인간에게 말이 없다면, 이러한 중요한 경험은 할 수 없게 된다. 꽤 무미건조한 삶이리라.

나_라는 세계의 발견

게다가 말이 없다면 인간이 사는 이 현실을 제대로 처리할 수 없을지도 모른다. 우리 주변 세계의 모습을 우리가 인식하는 것, 곧 모든 것을 이해하려면 반드시 말이 필요하다. 가령 '하늘'이라는 단어가 없다면 하늘을 보는 것은 불가능하다. '하늘'이라는 말이 있기에 땅과 하늘을 구별해서 볼 수 있게 된다는 것이다. 단어가 먼저고, 그것을 통해 인식하게 된다는 것이다.

가령 내가 식물학자와 함께 숲으로 들어갔다고 치자. 식물 이름을 나보다 훨씬 많이 아는 식물학자가 숲을 복잡하고 세세하게 보는 것은 분명하다. 나는 막연히 나무나 풀, 꽃을 볼 뿐인데 그는 무수히 많은 식물과 나무의 이름을 통해 숲을 세분화하여 볼 것이다. 식물의 이름을 많이 알기에, 숲이 매우 세세히 나뉘어 눈에 들어온다.

만약 말이 없다면 세계는 완전히 달라지지 않을까. 만약 말이 없다면 우리 주위는 매듭지어진 곳 하나 없는 혼돈 그 자체가 될지도 모른다. 꿈속에서나 경험하는 계속 변하는 사태가 현실에서 벌어질지도 모른다. 분명 무척 번거로울 것이다. 세계를 나누어서 알기 쉽게 보거나 묘사할 수 없고, 애초에 다른 사람에게 사소한 부탁을 하는 것도 불가능해진다. 소중한 대화 같은 건 꿈도 꾸지 못하리라. 그러므로 우리에게 말이 있다는 것은 무척 큰 사건이다. 두말할 필요 없이 인류 진화사의 거대한 한 걸음이다.

그러나 이로 인해 불합리한 일도 많이 일어났다. 편리한 만큼 편리함의 그늘에 숨어서 말에 의해 오류가 생기거나 소중한 것이 숨겨지기도 한다. 비트겐슈타인이 문제시하는 것은 이러한 말의 불합리한 점이다. 우리 생활에 밀착된 언어는 밀착된 만큼 그 불합리를 좀처럼 깨닫지 못한다. 말은 어떻게 우리를 오류에 빠뜨리는 것일까.

비트겐슈타인은 말이 지니는 '문법'에 의한 선입견을 지적한다. 말은 말로서 자율적이기에 독자적인 구조를 지닌다. 말만의 세계를 지니고 있다. 그 세계는 우리 현실 세계와 관련이 있기는 하지만 일대일로 대응하는 것은 아니다. 앞에서도 말했듯이 어떤 품사든 같은 형태를 지닌다. 품사에 따라서는 (혹은 같은 품사라도) 전혀 다른 작용을 하는데, 같은 형태(문자, 소리)를 지니므로 자칫 같은 작용을 한다고 오류를 범하고 만다.

'공기'와 '기계', '애정'과 '동물' 등 두 글자 단어를 살펴보자. 모두 '한자어'이며 심지어 두 글자이기에 자칫 같은 것이

나_라는 세계의 발견

라고 생각하기 쉽다. 그러나 '공기'와 '기계'는 물과 기름만큼 다르고 '애정'과 '동물'도 마찬가지다.

가령 '공기'라는 말은 더욱 근본적인 모습(잘 보면 보이지 않는 옅은 글자로 쓰여 있고 이따금 사라진다든가)이고 '기계'라는 말은 더욱 고체 같고 울퉁불퉁한 것(딱딱하고 만지면 꺼칠꺼칠한 글자)이라면, 보고 만지면 그 차이를 알 수 있을 것이다. '공기'와 '기계'는 무척 다른 것이라고 말만으로 유추할 수 있다. '애정'과 '동물'도 마찬가지다. '애정'이라는 말은 무척 새빨간 색을 띠며 진하고 소용돌이치고 '동물'이라는 말이 짐승 냄새가 나는 보드라운 글자라면, 이 또한 '애정'과 '동물'이라는 글자를 보거나 냄새 맡는 것만으로 대충 짐작할 수 있을 것이다.

그러나 우리가 쓰는 말에는 그러한 특징은 없다. 일률적으로 같은 한자어의 모습으로 우리 앞에 있다. 그 차이는 글자나 소리로는 전혀 알 수 없다. 그런데 어린 시절부터 무수히 사용하다 보니, 같은 모양의 글자 뒤에는 같은 내용이 숨어 있다고 무의식중에 생각하게 되는 것이 아닐까. 바로 이것이 말의 '문법'이라는 함정이다. 나도 모르는 사이에 이 함정에 빠져들 가능성이 큰 것이다.

가령 '이 방에는 공기가 있다'는 문장을 보자. 이는 물론 틀린 문장이 아니다. 맞는 말이다. 물질로서의 '공기'가 이 방에 가득 차 있다. 그러나 '이 방에는 의자가 있다'는 문장을 이 문장 옆에 나란히 놓아두면 어떨까. 이 문장도 틀리지 않았다. 방 안에는 물체로서의 '의자'가 덩그러니 놓여 있기 때문이다. 그러나 이 두 문장을 비교해보면 '이 방에는 ~가 있다'라는 '구조'가 같다. 그리고 단 한 군데 '~' 부분만 다르므로 무의식중에 '공기'와 '의자'가 같은 것이라고 생각하게 된다. 심지어 '공기'와 '의자'는 모두 두 글자 한자어다. 당연하게도 '공기'와 '의자'는 전혀 다르고, 각각 '있다'는 것의 의미도 전혀 다르다. 그런데 이렇듯 같은 구조의 문장 안에 넣어버리면 왠지 '공기'와 '의자'가 같은 것인 듯한 기분이 들고 만다.

비트겐슈타인은 《철학적 탐구》 308에서 '마음속 사건'이라는, 말을 할 때 문법의 함정에 빠져버리는 과정을 비유적으로 마법사에게 속는 일에 빗대었다. 조금 더 자세히 설명하면, '마음속 사건'이라는 말을 만들고 나면 이미 마법사의 함정에 걸려든 셈이라는 것이다. 이 말을 통해 마치 마음속에 일종의 '사건'이 일어난 듯한 생각이 들기 때문이다. 우리가 잘 쓰는 말인데도, 함정은 이미 완벽히 만들어져 있다는 것이다. 마음속에서 가령 '교통사고' 혹은 '인생을 좌우하는 사건' 같은 '사건'이 생긴다는 선입견을 품게 된다. 그러면 여러 가지 사건을 구성하는 요소가 '마음' 속에도 있는 것처럼 애초에 생각해버린다는 것이다. '마음'은 '교통사고'나 '인생을 좌우하는 사건' 등과는 전혀 상관없는 '무언가'인데. 마치 '공기'가 '의자'와 마찬가지로 고체 같은 모습을 하고 있다고 생각해버리듯 착각하게 되는 것이다.

이것이 비트겐슈타인이 말하는 '문법적인 오류'다. 말의 사정에 따라 우리는 속아 넘어간다는 것이다. 말은 우리의 사정과는 상관없이 그것만으로 성립하므로, 아무리 애써도 우리는 휘둘리기 마련이다.

나는 초등학교 때 '절친'이라는 말이 무척 싫었다. 누가 '절친'이고 어떤 친구를 '절친'이라고 부르는지 혼자서 몰래 고민했다. 지금 생각하면 그리 중요하지 않은 일인데 그때는 '절친'이라는 말에 휘둘린 것이다. '절친'이라는 말이 있으므로 그런 친구가 존재한다고 강하게 생각한 것이다.

'연인'이라든가 '사귄다'는 말도 마찬가지로 귀찮은 상황을 일으키는 말이라고 생각한다. 어떤 관계든 각각의 관계는 유일무이한 것이고 그것이 '사귀는 관계'인지 '연인'인지 아무런 상관이 없는데, 말이 처음에 존재했기에 이 관계는 어떤 것인지 고민하게 되는 것이다. 지금 '사귀는' 상대는 '연인'인가 '연인 미만'인가, 그저 '친구'인가 고심하게 되는 것이다. 그저 말에 휘둘릴 뿐이다. 정말로 아무런 상관이 없는데, 우리는 그것을 깨닫지 못한다.

이렇듯 우리는 날마다 '문법'이 파놓은 함정에 직면한다. 그 함정을 일일이 지적하는 것이 비트겐슈타인이 말하는 '철학'이다.

015

진정한 지속

—

시간이 필요한
동사

비트겐슈타인은 **'진정한 지속**echte

Dauer'이라는 재미있는 말을 한다. 이 말은 '우리의 현실 세

계에 시간의 폭을 갖고 등장하는 것'이라는 의미다. 그 '시

간의 폭'을 '진정한 지속'이라고 말하는 것이다. 우리의 행위

는 평소에 시간의 폭이 필요하다. 가령 '먹다'와 '걷다'라는

행위는 어느 정도 시간이 필요하다. 비트겐슈타인식으로 표

현하면, 이들 동사에는 '진정한 지속'이 있는 것이다. 메밀국

수를 먹기 시작하고 후루룩 다 먹고 나서 마지막에는 메밀

국수 끓인 물을 마시면 끝이다. 확실히 어느 정도 시간이

필요하다. 이것을 '진정한 지속'이라고 부르는 것이다. 이러한

성질을 지닌 동사는 꽤 많다. '걷다' '달리다' '자다' '고찰하

다' '생각하다' '의심하다' 등. 대부분 동사가 그렇지 않을까 싶을 정도다.

'먹다'나 '걷다'라는 동사로 표현된 행위를 실현하기 위해서는 구체적으로 메밀국수를 먹거나, 하치오지에서 신주쿠까지 (꽤 거리가 멀지만) 걸어야만 한다. 그리고 그것을 실행하면 당연하게도 시간이 걸리는 법이다. 먹거나 걸으면 '진정한 지속'이 경과한다는 것이다. 왜 이런 당연한 것을 비트겐슈타인은 굳이 말할까.

그 이유는 이러한 '진정한 지속'을 지니지 않는 동사도 있기 때문이다. 예를 들면 어떤 동사일까. 우선 아직 실현되지 않은 가능성에 관한 동사가 있다. 가장 이해하기 쉬운 것은 'ㄹ 수 있다'라는 동사다.

'나는 거꾸로 매달리기를 할 수 있다'고 자랑스럽게 말했다 해도, 그 '거꾸로 매달리기를 할 수 있다'는 것 자체는 '진정한 지속'을 지니지 않는다. '나는 거꾸로 매달리기를 할 수 있다'라는 한 문장을 말하기 위해서는 '진정한 지속'이 필요하다. 시간의 폭이 없다면 한마디도 입 밖에 낼 수 없다. 하지만 이 발언은 '말하다'나 '이르다', '떠들다' 등의 동사로 표현되는 행위다. 이 문장 자체의 발언은 '할 수 있다'

와 아무런 연관이 없다.

'먹다'나 '걷다'와 마찬가지로 동사인데 'ㄹ 수 있다'는 크게 성질이 다르다. 아무리 'ㄹ 수 있다' 하더라도 그대로는 구체적으로 표현할 수가 없다. 곧 '거꾸로 매달리기를 할 수 있다'는 이 시공에는 절대 나타나지 않는 것이다. 물론 실제로 거꾸로 매달리기를 하기 위해서는 '진정한 지속'이 필요하다. 구체적인 시간 속에서 영차 하고 매달리기를 해야 하기 때문이다. 5~10초 정도 필요할까. 하지만 그것은 '거꾸로 매달리기를 한다'는 행위이지 '거꾸로 매달리기를 할 수 있다'는 아니다.

비슷한 이야기지만 가령 미국인 친구가 '나는 낫토를 먹을 수 있어'라고 말했다 해도 그것 자체는 실제의 시간의 흐름에 올라타지 않는다. '먹다'는 '진정한 지속'을 지니지만 '먹을 수 있다'는 가지지 않는 것이다. 거듭 말하지만 말이다. '하치오지에서 신주쿠까지라면 한 시간이면 걸어갈 수 있어'라고 터무니없는 말을 하는 사람이 있다 해도 그것을 증명하기 위해서는 실제로 걸어봐야 한다. 걷는다는 '진정한 지속'을 이 사람이 경험하지 않으면 이 사람이 말하는 것을 누구도 믿지 않는다. 'ㄹ 수 있다'란 그러한 동사다. 능력

나_라는 세계의 발견

을 나타내는 'ㄹ 수 있다'는 항상 가능성 안에 있으며 현실화되지 않는다. 현실화되는 순간 다른 동사(거꾸로 매달리기를 하다, 먹다)가 되어버린다.

요컨대 '먹을 수 있다' '걸을 수 있다'고 강조해도 'ㄹ 수 있다'라는 동사는 '먹다'나 '걷다'와는 달리 '진정한 지속'과 전혀 연이 없으므로 이 현실 세계에 등장할 수 없다. 'ㄹ 수 있다'처럼 능력을 나타내는 동사는 시간의 폭('진정한 지속')을 조금도 지니지 않는다. 바꿔 말하면 '능력'과 '시간'은 서로 전혀 관련이 없다고 할 수 있으리라. 스쳐 지나가는 일조차 없는, 서로 관련이 없는 개념이다.

그 외에도 '시간의 지속'을 지니지 않는 동사가 있을까. 가령 '믿는다'는 어떨까. 분명히 '그때는 그 사람을 믿었는데 지금은 도저히 믿을 수가 없어' 같은 말을 할 때가 있다. 일정 기간 믿는다는 상태가 지속된 모양새다. 하지만 구체적으로 '그 사람을 한 시간만 믿어보자'고 말하고 스톱워치로 한 시간 '믿는다'는 행위를 할 수 있을까. 이것은 꽤 어렵다. 구체적으로 무엇을 하면 좋을지 알 수가 없다. 믿는 상대의 얼굴을 떠올려 '믿고 있어!'라는 상념이라도 보내는 것일까. 하지만 그것이 정말로 '믿는다'는 행위인지는 지극히 애매하다.

'상대의 얼굴을 떠올린다'나 '상대에게 계속 마음을 보낸다'는 동사와 어떻게 다른 것일까. 역시 '믿는다'는 동사는 확실한 형태로 '진정한 지속'을 지닌다고는 할 수 없지 않을까.

혹은 '안다'는 동사는 어떨까. '저 탤런트 알아'라고 말하는 행위는 시간의 폭을 지니지 않는 것이 아닐까. TV에서 얼굴을 보고 이름을 말할 수 있으면 '아는' 것이 되기 때문이다. 물론 'TV를 보고 탤런트의 이름을 말한다'는 것은 '진정한 지속'을 지니는 행위다. '보고, 말하기' 위해서는 시간이 들기 때문이다. 한편 '이 연립방정식의 답을 알아'라는 말은 '이 연립방정식을 풀 수 있다'는 말이고, '이 물리학자들의 단체사진 중에 누가 슈뢰딩거인지 알아'라는 말은 '슈뢰딩거를 식별할 수 있다'는 말이기 때문이다.

'안다'는 것은 현실 세계에 지속이라는 모습으로는 나타낼 수 없지만 그 '안다'는 알맹이를 실제로 현실에서 전개할 때는 반드시 '진정한 지속'이 필요하다. '연립방정식을 풀다' '슈뢰딩거를 식별하다' 등 시간의 경과 속에서 이루어지는 행위가 '안다'의 전개이기 때문이다. 이렇게 생각하면 'ㄹ 수 있다'도 '안다'도 가능성의 상태(이 '상태'라는 말도 사용법에 주의해야 한다. 시간의 폭을 전개하고 있는 느낌이 들기 때문에)를 나타내는 동사라는 것이리라. 그러므로 이들 가능성이 현실화될 때, 다른 동사가 되어 시간의 폭(진정한 지속)을 지닌다는 것이라고 생각한다.

혹은 '기억한다'는 동사는 어떨까. 이 또한 가능 동사와 닮았다. 과거의 일을 '기억하는 것'은 현 시점에서 무언가가 실현되는 것이 아니다. '기억하는 것'이 현실화할 때 그 '기억한' 것을 언어화하여 '말'하거나 '이야기'해야 하기 때문이다. '기억한' 상태가 고스란히 현실로 등장하는 일은 없다. 등장하면 다른 동사가 되어 '기억한다'는 반드시 과거형('기억했다')이 되어버린다. 이것도 신기한 동사라 할 수 있으리라.

비트겐슈타인이 하고 싶은 말은 이러한 '진정한 지속'을 지니지 않는 동사가 있다는 것이다. 하지만 그 동사들은 '진정한 지속'을 반드시 동반하는 대부분의 동사와 형태도 사용법도 크게 다르지 않다. 그러므로 우리는 '진정한 지속'을 지니지 않는 동사도 마치 '진정한 지속'을 지니는 듯 착각하는 것이리라. 이 또한 우리가 언어의 '문법'에 속아 넘어가는 한 예다.

016

수다쟁이
사자

사자만 아는
사자의 말

비트겐슈타인은 수다쟁이 사자에 대해 이렇게 말했다.

사자가 말을 할 줄 안다고 해도, 우리는 사자가 말하는 것을 이해할 수 없으리라.

– 《철학적 탐구》 제2부 327

대체 무슨 뜻일까. 우선 이해를 돕기 위해 인간은 우리말을 모어로 하는 사람에게 한정하기로 하자. 모어 이외의 언어를 이해한다, 이해하지 못한다는 이야기가 시작되면 복잡해지므로.

그러면 우리(우리말을 모어로 하는 인간)는 어떻게 우리말을 할 수 있게 되었을까. 우리는 이유도 알지 못한 채 우리말을 모어로 하는 공동체 속에 우연히 태어난다. 그리고 조금씩 우리말을 익혀나간다. 그 방법은 누구나 경험했기에 알겠지만, 어느 날 갑자기 샤워기에서 쏟아지는 물을 맞듯이 언어에 흠뻑 젖음으로써 좋고 싫음 없이 배워나가는 것이다. 말하고 보니 스파르타식으로 헤엄을 습득하는 것과 같다. 처음에는 물놀이에서 시작해 그다음 얕은 수영장에서 연습하는 식의 답답한 일은 하지 않는다. 갑자기 깊은 바다에 빠뜨려지는 것이다. 서서히 단계를 밟아 조금씩이 아니라, 태어나자마자 곧장 본격적인 장이 시작되고, 이해를 하든 못하든, 의문의 여지 없이 모어에 둘러싸이는 나날이 시작된다.

이렇듯 우리는 모어를 '체득'한다. 온몸으로 익혀나가는 것이다. 그러므로 말을 쓰는 방법과 마찬가지로 몸을 움직이는 법, 표정 변화, 고개를 갸웃거리는 법 등 모든 것이 연동되어 서로 관련을 맺는다. 우리 몸의 움직임, 행동 형태, 표정, 팔다리의 움직임 등 언어 활동은 긴밀하게 서로 연관되어 있어서 절대 따로 떼어놓을 수 없다. 그러므로 어느 정

　　　　　나_라는 세계의 발견

도 나이가 든 다음에 외국어를 습득하는 것이 어려운지도 모른다.

한편, 사자는 어떨까? 사자가 말을 한다는 상황을 상정하기 위해서는 무엇이 필요할까. 수컷 사자 한 마리가 아프리카 초원을 '프라이드'(무리)를 지어 서로 쫓고 쫓는다. 그 사자는 사자끼리의 거칠고 세세한 교류 속에서 살아왔다. 수많은 암컷 사자와의 관계, 자기 '프라이드' 안에서의 소수의 수컷 사자와의 관계, 혹은 다른 '프라이드'의 사자들과의 관계 등 복잡한 관계성 속에서 생존하기 위해 다양한 행동 형태를 습득해나간다. 그러한 수컷 사자만의(또한 그 사자가 사는 지역이나 시대의 특징도 있을지 모른다. 게다가 주변에 있는 다른 동물이나 식물 등과의 관계에 영향을 줄 가능성도 있다) 행동 양식을 습득한 사자가 어떻게 언어를 습득해 인간을 향해 이야기하게 되는 것일까.

만약 그 수컷 사자가 말을 했다면 그 말하는 주체가 사자인 이상 사자만의 행동(혹은 생활) 양식을 배경으로 삼은 것이어야 한다. 사자만의 행동과 함께 언어는 이야기되기 때문이다. 그러나 사자가 말을 하더라도 인간에게는 절대 통하지 않을 것이다. 그 말은 사자의 생활과 깊고 복잡하게 관런되어 있으므로 그 사자 무리의 구체적 생활을 함께 한 사자들만 알 수 있는 언어일 것이다. 사자는 '사자어'를 말한다. 그리고 그 '사자어'는 생활이나 행동을 함께 한 사자들끼리만 통한다. 아프리카 초원에서 자란 사자와 일본 우에노동물원에서 자란 사자는 같은 '사자어'라 할지라도 미국인과 중국인이 각각의 언어를 말해도 도무지 통하지 않듯이(일본 북부 지방인 아오모리 사람과 남부 지방인 오키나와 사람이 각각의 방언으로 이야기해도 서로 통하지 않듯이), 통하지 않을 가능성이 크다. 그 정도로 언어는 생활에 밀착되어 있다. 그러므로 비트겐슈타인이 **'언어 게임'**은 **'생활 형식'**이라고 말한 것이 아닐까. 한 '언어 게임'의 배경에는 한 '생활'이 있다는 뜻에서.

017

영혼에 대한 태도

확인할 수 없는
불필요한 개념

오모리 쇼조의《흐름과 정체流れ
とよどみ》[8]라는 내가 좋아하는 책에는 '로봇의 변명'이라는 무
척 재미있는 글이 있다. 로봇이 자신들에게도 마음이 있고
감정이 흐른다는 것을 매우 논리적이고 냉정하게 인간에게
호소하는 내용이다. 필립 K. 딕의 장편소설《안드로이드는
전기 양의 꿈을 꾸는가?Do Androids Dream of Electric Sheep?》
를 방불케 하는 무척 절절한 내용이다. 분명히 AI는 인간이
창조한 것이다. 그 제조 과정은 매우 뚜렷이 알고 있다. 그러
므로 AI에게 마음이나 감정 따위가 들어 있을 리가 없다는

---

8. 한국어판은《일상을 철학한다》(가인비엘, 2009)로 출간되었다.

사실은 안다. 그런 것은 데이터로 애초에 넣지 않았으므로. 만약 AI에게 마음이나 감정이 들어 있다면, 전자계산기나 자동차에 마음이나 감정이 들어 있어도 이상하지 않다. 그저 그렇게 태어난 AI가 만약 우리에게도 마음와 감정이 있다고 말을 꺼낸다면 어떨까. 그리고 인간과 전혀 다르지 않게 행동한다면 어떨까. 그때, 그러한 사태를 어떻게 생각하면 좋을까.

'로봇의 변명'에서 로봇들은 인간끼리도 자신들과 인간의 관계와 완전히 같지 않다고 호소한다. 당신들(인간)이 우리(로봇) 속으로 들어올 수 없는 것과 마찬가지로, 당신들(인간)끼리도 타인의 내면은 알 수 없지 않느냐고 말한다.

참다못해 증거를 보여달라는 사람도 있습니다. 그런 사람에게는 내가 오히려 반문합니다. 그럼 당신부터 먼저 당신에게도 마음이 있다는 증거를 보여주시지요. 당신이 증거를 보여준다면 나도 당장 증거를 보여드리겠습니다, 라고. 하지만 당신들 사이에서는 그런 증거를 내밀 필요가 있다고는 꿈에도 생각하지 않잖아요? 그 점이 나는 불만입니다. 당신과 내 처지가 완전히 똑같은데도 의심은 일방적으로 나에게만 향합니다. 나에게 향하는 의심은 마찬가지로 당신의 부모 형제에게도, 당신들끼리도 들이대야 마땅한데.

– 《오모리 소조 저작집大森莊蔵著作集》 5권 109쪽

　오모리 공장에서 태어난 로봇이 한 말은 일리가 있다고 생각한다. 우리(인간)끼리의 상황도 인간과 로봇의 관계와 거의 비슷하다. 전혀 다르지 않다. 타인의 마음은 절대로 알 수 없기 때문이다. 인간의 제조 과정(태어나는 과정)도 로봇의 그것과 마찬가지로, 우리는 잘 알고 있다. 성장하는 단계도 그때마다 (관계자는) 관찰한다. 그 인간에게 어딘가에서 마음과 감정을 넣었는지 묻는다면, 확실히 그러한 수고는 어떤 나이에도 들이지 않았다고 대답할 수 있다. '마음 교체 세트'를 미취학 아동에게 심는 일 같은 것은 하지 않는다(아무도 안 하죠?). 잘 생각해보면 로봇의 제조 과정과 완전히 같은 상황이라고 해도 좋으리라.

　그런 말을 들으면 인간 중에도 타인의 감정에 유독 둔감한 사람이 있다. 타인에게 공감할 수 없는 사이코패스라고 불리는 사람들이다. 그저 타인과 공감할 수 있다고 생각하는 사람도, 그것은 터무니없는 착각인 경우가 자주 있을 것이다. 타인의 감정을 이해한다 하더라도 결국은 자신의 감

　　　　　　　　　나_라는 세계의 발견

정을 그대로 연장하는 것일 뿐(그저 착각)인 일은 자주 일어 난다. 마음을 쓴다고 할 때의 '마음'은 자신의 마음에 지나 지 않는 것이고, 어떤 방법을 쓰더라도 인간의 구조상 타인 의 감정을 내면에서 이해하는 것은 불가능하기 때문이다. 이렇게 생각해가다 보면 인간도 로봇도 그다지 다르지 않다 는 결론에 이르게 된다. 결국 '타인(로봇을 포함한)은 이해할 수 없다'.

그런 상태에 있는 우리는 타인(혹은 로봇)과 교류할 때 어 떻게 하면 될까. 무언가 지침 같은 것이 있다면 좋겠는데. 절 대로 타인(혹은 로봇)의 감정은 알 수 없으므로 그 헤아릴 수 없는 영역(타인이나 로봇의 마음)은 일단 놔두고, 하루하 루 생활에서 타인(혹은 로봇)과 어떻게 관계 맺으면 되는지 는 그다음 문제다. 그 지침 같은 것이야말로 비트겐슈타인 의 다음 말이라고 할 수 있지 않을까.

내가 친구를 '로봇이 아니야'라고 말한다고 치자. 여기에서는 무엇 이 전달되는가? 이것은 누구를 위한 정보인가? 일상적인 장면에서 그 친구와 만나는 사람을 위해? 무엇이 전달될 수 있을까?(고작 전 달할 수 있는 것은 '그 녀석은 언제나 인간처럼 굴어. 이따금 기계처럼 보일 때도 없어'라고 말하는 정도다.)

그러므로 '그는 로봇이 아니다, 라고 나는 생각한다'에는 그대로는 전혀 의미가 없는 것이다.

그에 대한 나의 태도는 영혼에 대한 태도다. 그에게는 영혼이 있다는 의견을 내가 갖고 있는 것이 아니다.

— 《철학적 탐구》 2부 *20~*22

만약 '로봇 같은' 사람이 있더라도 그 사람이 평소에는 우리 '인간다운' 사람들과 완전히 똑같이 군다면, '그는 로봇이 아니야'라는 발언은 아무런 의미도 지니지 않는다고 비트겐슈타인은 말하는 것이다. 인간끼리도 타인의 내면은 모르고, 그것을 전제로 살아간다. 그리고 내면은 모르지만 그런대로 '의사소통'이라는 이름의 표면적 교류가 가능하다면 딱히 문제는 일어나지 않는다. 그 경우 상대가 '영혼을 갖고 있다' 같은 것은 화제에 오르지 않는다.

그러므로 '그에게는 혼이 있다, 라는 의견' 같은 건 갖고 있지 않다고 말한다. 타인의 영혼 유무 따위는 '나'에게는 도저히 어쩌지 못하는 문제이기 때문이다. 앞서 말했듯이 인간의 제조 과정에도 어딘가에서 영혼을 넣은 사실은 없

나_라는 세계의 발견

다. 아이가 태어나면 살뜰히 보살피면서 그 아이가 커가는 것을 도와줄 뿐이다. '영혼'을 넣는 의식은 행하지 않는다. 그러므로 아이가 영혼을 지니는지 아닌지는 절대 알 수 없다. 다만 그 아이의 모습을 지켜보는 과정에서 우리와 비슷하게 행동하면 우리와 같은 존재임을 매일 확인할 뿐이다. 그리고 매우 신기하게도 대체로 우리와 같은 태도나 행동을 하는 존재가 되어간다. 그것은 곧 우리가 하는 '언어 게임'에 참가할 자격이 있다는 말이다.

그러한 존재에 대해서는 그들보다 앞서 같은 '언어 게임'에 참가한 우리는 '영혼에 대한 태도'를 취한다고 말하는 것이다. 그러므로 그 태도는 그 상대가 영혼을 지니는지 아닌지가 문제가 아니라 '상대의 행동이 마치 영혼을 지닌 것 같다면 된 것이다'라는 말이 된다. 그 상대가 인간이든 안드로이드든 그런 것은 불문에 부치는 것이다. 무척 공정한 태도라고 할 수 있으리라.

이렇게 생각하면 애초에 '영혼'이라는 개념은 필요 없을지도 모른다. 확인할 수가 없으니까. '영혼'이라는 개념을 우리가 갖고 있는 것 자체가 무척 신기한 일이라고 할 수 있다.

018

의지

—

저항 없이
이루어지는 행위

—

'의지'라는 말이 있다. 무엇을 뜻하는 말일까. 우리는 '의지'를 지닌다. 아마도. 의지가 없다면 다양한 행위가 불가능해지기라도 하듯이. 아침에 일어나서 이를 닦고 세수를 하고 아침을 먹는 것. 이 일련의 누구나 하는 행위를 살펴보자. 아침에 일어나기 전에 우선 잠에서 깬다. 이 '잠에서 깨는 것'은 그야말로 의지가 필요 없으리라. 신기하게도 자연히 눈이 떠지기 때문이다(그냥 깨지 않는 일도 있겠지만 그것도 의지와는 관계없다).

다음으로 이불 속에서 몸을 일으켜야 한다. 이건 어떨까. 잠도 덜 깼겠다 아무것도 하고 싶지 않은 마음을 꾹 누른 채 겨우 일어난다. 여기에서는 확실히 '의지' 같은 것이 작용했다는 생각이 든다. '의지'가 없다면 이불의 유혹에서는 도저히 도망칠 수 없을 듯하기 때문이다. 겨우 일어나서 자연스레 화장실로 향한다. 이 화장실로 향하는 행위에 의지는 필요 없다. 자연스레 향한다.

그다음, 양치질은 어떤가. 이 또한 루틴으로 하는 것이므로 자연히 손이 칫솔로 향한다. 이를 닦고 세수를 한다. 이 또한 도저히 의지적인 행위라고는 할 수 없으리라. 그렇다면 아침밥은 어떨까. 확실히 준비하는 게 귀찮은 아침밥은 '의지'가 필요한지도 모른다. 아침을 만들어야 하기 때문이다. 다만 이불에서 탈출한 행위에 비교하면 그다지 '의지'적인 행동으로 생각되지는 않는다. 아침밥을 먹는 것도 그다지 의지적인 것이 아닌 듯하다. 묵묵히 그릇을 비워가면 되는 일이니까.

이렇듯 아침에 하는 일련의 행위를 본다면, 확실히 '의지'가 관여한다고 생각되는 것은 꽤 졸릴 때 이불에서 빠져나오는 행위뿐이라고 할 수 있다. 그러나 이 행위도 충분히 수면을 취한 아침이라면 그다지 의지라 할 수 없으리라. 푹 자고 일어나 자연히 이불에서 나오는 것이 드문 일은 아니다. 그렇게 되면 '의지'의 존재는 매우 드문 일이라고 할 수 있다.

나_라는 세계의 발견

그 밖에 의지적인 행위라고 생각되는 것은 금연, 금주 등의 행위, 타인에게서 무언가 구속(꼼짝 못 하게 붙드는 일 등) 당했을 때 그것을 떨쳐내는 행위 등이 있다. 요컨대 자신이 지향하는 방향에 반하는 욕망이나 타인의 힘이 존재하고, 그것에 대해 자신의 의향을 행동에 옮기려 할 때 '의지'가 필요해진다고 할 수 있다. 어떤 저항이 없다면 '의지'는 애초에 나타나지 않는다고 할 수 있으리라.

그렇게 되면 우리의 평소 생활에서 '의지'는 거의 등장하지 않는다고 생각하는 편이 좋을지도 모른다. 적어도 모든 행위는 의지를 통해 이루어진다는 것은 대단한 거짓말이라는 사실을 알 수 있으리라. 의지 따위 없더라도 대부분 행위는 이루어지기 때문이다.

가령 '말하다'라는 행위를 보자. 항상 신기한 것은 이 '말하다', '떠들다'라는 행위다. 왜 우리는 주절주절 떠들 수 있을까. 우리는 이 내용의 이야기를 떠들려고 생각해서 떠드는 일이 거의 없다. 그야 다른 사람 앞에서 연설하거나 강의할 때는 사전에 어느 정도 준비한다. 곧 이야기 내용을 음미하고 검토한다. 하지만 그 외의 경우에는 그저 떠들기만 하는 것이 아닐까. 일단 떠들고 또 떠든다. 그뿐.

우리의 일상 대화에 만약 '의지'가 개입되어 있다면, 자연히 떠들기란 힘들어질 테고, 대화는 하나도 이어지지 않을 것이다. 허물없는 친구와 연이어 수다를 떨 때, 의지 따위 전혀 등장하지 않는다. 화제는 점점 변하고 입으로만 웅할 뿐이다. 그러므로 '실언'이라는 현상이 존재하는 것은 당연하다. 이야기를 한창 할 때 우리는 생각하거나 의지하지 않기 때문이다. 입 밖으로 꺼낸 다음에 비로소 그 내용을 우리는 확인할 수 있는 것이다. 곧 우리는 자동 기계처럼 계속 이야기할 뿐이다.

이렇게 생각하다 보면 '의지'란 무척 모호한 개념이라는 사실을 깨닫는다. 사실 그런 것은 없다는 지점에서 출발하는 편이 맞는다는 생각이 든다. 비트겐슈타인은 다음과 같이 말한다.

> 그러나 잊어서는 안 되는 것이 하나 있다. '내가 내 팔을 올릴' 때, 내 팔이 올라간다. 그때 문제가 생긴다. '내가 내 팔을 올린다'는 사실에서 '내 팔이 올라간다'는 사실을 빼면 거기에 남는 것은 무엇일까?
>
> – 《철학적 탐구》 621

나_라는 세계의 발견

어떤가. 교실에서 수업을 듣는 사람들에게 '잠깐 손을 들어주세요'라고 말하면 대부분 사람은 주저 없이 손을 올린다. 혹은 부엌의 선반에 있는 키친타월을 집으려 할 때 우리는 주저 없이 손을 든다. '자, 이제부터 손을 올려야지'라고는 누구도 생각하지 않는다. 그러면 이 비트겐슈타인의 뺄셈은 아무것도 남지 않는다, 는 답이 될까. 비트겐슈타인도 다음과 같이 말한다.

내 손을 들 때, 대체로 나는 손을 들려고 시도하지는 않는다.
– 《철학적 탐구》 622

맞는 말이다. 우리는 의지적으로 손을 들려고는 하지 않는다. 손은 자연히 올라간다. 이는 줄곧 떠드는 것과 무척 닮았다. 점점 이야기가 나온다. 글을 쓸 때도 마찬가지다. 의지적으로 글을 써가는 것이 아니다. 글이 연거푸 나온다. 결과물에서 거슬러 올라가 자기가 쓴 글을 퇴고하기도 하지만, 첫 문장 자체는 의지와는 상관없이 팔과 손이 움직여 자동으로 나온다. 그것은 키보드를 사용하든 만년필을 사용하든 마찬가지다.

비트겐슈타인은 다음과 같이 말하기도 했다.

그러나 내가 의욕하기를 실패할 수 없다는 뜻에서, 나는 의욕하기
를 시도할 수도 없다.

— 《철학적 탐구》 618

'의욕하기를 시도'한다는 것은 재미있는 표현이다. 만약
의욕과 의지를 통해 모든 행위가 이루어진다면, 그 의욕과
의지도 배후에 의욕과 의지가 없어서는 안 될 것이다. 의욕
과 의지도 하나의 내적 행위이기 때문이다. 행위가 의지에
의한 것이라면 행위 하나를 하기 위해서는 무한히 거슬러
올라가 최초의 의지에 도달해야만 한다.

　의욕과 의지를 통해 행위하는 것이 아니다. 바로 이것이
비트겐슈타인의 입장이리라. 그러므로 의욕하는 일이 실패
할 수는 없다고 말하는 것이다. 어떤 행위도 의지하지 않고
자연스럽게 할 수 있다. 그렇다면 평소 생활에서는 의지 따
위는 필요 없다는 소리다. 무언가에 저항할 때 이외에, 의
지는 등장하지 않는다. 최종적으로 비트겐슈타인은 다음과
같이 말한다.

행함이라는 것은 그 자체로 경험의 부피를 지니지 않는 것으로 보인다. 크기가 없다는 점에서 바늘 끝 같다. 이 끝이야말로 본래의 행위자답다.

– 《철학적 탐구》 620

'행함'을 '행할' 뿐. 특히 그 '행함'을 시작하기 위한 무언가(행위자)는 존재하지 않는다(크기가 없다). 행위 자체가 배후에는 아무것도 끌어들이지 않고 갑자기 등장하는 것이 우리 행위의 모습이라는 것이다.

019

돌이 되다

—

표현할 수 있어야
존재할 수 있다

비트겐슈타인은 여러 가지 이상한 생각을 했다. 그중 하나가 바로 '인간이 돌이 된다면 어떤 일이 일어날까?'이다. 다음과 같은 느낌의 이야기다.

내가 무시무시한 고통을 느끼고 있는데 그것이 지속되는 동안 돌이 되어버렸다고 상상할 수는 없을까? 그런데 눈을 감고 있으면 돌이 되어버렸는지 나는 어떻게 아는가? 만약 그렇게 된다면 돌은 어떤 의미로 고통을 느낄까? 어느 정도까지 돌에 관해 그렇게 말할 수 있는가?

– 《철학적 탐구》 283

내가 갑자기 돌이 된단다. 심지어 돌이 되어 조용히 여생을 보내는 평화로운 이야기가 아니다. 무슨 벌을 받았는지 극심한 고통이 있고, 그 고통이 지속되는 동안에 갑자기 돌이 되어버린다는 이야기다. 생각만 해도 무서운 일이다.

그런데 왜 비트겐슈타인은 이런 말을 꺼냈을까. 인간은 평소에 극심한 고통을 느끼면 고통스러운 표정을 지으면서도 딛고 일어서려 노력하거나, 누군가에게 도움을 청한다. 고통이라는 것은 **자기만의 고통**이며, 다른 사람이 그 **고통 자체**를 경험하는 것은 절대로 불가능하다. 하지만 타인은 그 **고통**을 느끼는 당사자의 모습이나 태도를 보고 '저 사람은 극심한 고통에 시달리고 있구나'라고 추측은 할 수 있다.

그리고 그 사람이 큰 소리로 '아야!' 하고 소리친다면 안에서 상상도 할 수 없는 이상한 일이 일어나는 것이 아니라, 우리도 잘 아는 '고통'이 그 사람 내부에 있겠구나, 하고 짐작할 수 있다. 물론 그 고통은 그 사람만의 것이므로, 사실 어떤지는 아무도 알 수 없다. 하지만 대충이기는 해도 그 사람이 무척 아픈 상태라는 것은 알(추측할) 수 있다.

하지만 그러한 고통의 표현이 없다면 어떨까. 곧 돌이 되어버리면 어떻게 될까. 바로 이것이 비트겐슈타인이 제기하

나_라는 세계의 발견

려는 문제다.

여기에서 비트겐슈타인은 **고통 그 자체**와 표현을 확실히 나누려 한 듯하다. 우리는 몸 어딘가가 아프면(그 정도에 따라 다르지만) '아야!' 하고 소리 지르거나 해당 부위를 누르거나 괴로운 표정을 짓는다. 말이나 행동이나 표정이 먼저 나타나는 것이다. 곧 잘 생각해보면 **고통**이 **고통** 그 자체로 우리의 생활 현장에 모습을 드러내지는 않는다. 분명 '고통'이라는 명사는 국어사전에 실려 있고 대화에서 사용하기도 한다. 하지만 이렇듯 엄연히 명사로 존재하고 우리가 항상 사용하는 말인데, 그 말이 가리키는 것으로 보이는 대상이 그대로 우리 눈앞에 등장하지는 않는다. 등장하는 것은 늘 다른 것으로 '아야'라는 발성이나, 몸을 숙이는 행위나, 표정으로 나타난다. 이는 '아야'라는 말이나 '고통'의 특징이라고 할 수 있으리라.

그러므로 여기에서 비트겐슈타인이 인간이 극심한 고통을 느끼는 와중에 돌이 되어버린다고 상정한 것은 그러한 '고통'의 특징을 뒤쪽에서 확실히 하기 위해서다. 고통을 표현하는 발성 기관이 손발, 애초에 말랑말랑한 신체, 나아가 얼굴마저 없다면 과연 '고통'이나 '아픈' 사태는 어떻게 될까.

비트겐슈타인은 이렇게 결론짓는다.

오직 사람처럼 표현하는 것에 대해서만 우리는 그것이 고통을 느낀다고 말할 수 있다.

왜냐하면 몸에 관해서는, 혹은 바란다면 몸이 지니고 있는 마음에 관해서는 틀림없이 그렇게 말할 수 있기 때문이다. 그렇다면 몸은 어떻게 마음을 지닐 수 있는가?

– 철학적 탐구 283

'고통', '아픔' 등은 그것만으로는 존재할 수 없다. 반드시 우리의 몸이 있어야 한다. 그리고 그 몸과 이어져 있지 않으면 이 세계에 등장할 수 없다. 그러므로 고통과 같은 **사적인 것이 사적인 것인 채로 순수하게 이 세계에 등장하는 일은 없다**는 말이리라. 사적인 것은 우리의 '언어 게임'에는 **없다**와 마찬가지다.

돌이 **고통**을 느꼈다고 해도 그 고통을 외부에 표현할 수단이 없고, 다른 돌도 그리고 다른 누구도 모른다면 그 고통은 결국 **없다**고 말할 수밖에 없다. 혹은 있다나 **없다**는 말로 표현할 수 없다.

나_라는 세계의 발견

020

딱정벌레의
상자

—

진실은
아무도 모른다

이번에는 '딱정벌레의 상자'다.
비트겐슈타인은 이렇게 말을 꺼냈다.

> "'고통'이라는 단어가 무엇을 의미하는지는 오직 자신만 안다"라고
> 내가 나 자신에 대해 말한다면, 마찬가지 이야기를 타인에 관해서
> 도 말할 필요는 없지 않을까? 그런데 어떻게 나는 단 하나의 예를
> 이렇게 무책임하게 일반화할 수 있을까?
>
> – 《철학적 탐구》 293

분명 우리는 자신의 **고통**은 잘 안다. 치과에 갔을 때 치
위생사가 자칫 기구를 잘못 다루어 신경을 건드렸을 때나

새끼발가락이 문틈에 끼었을 때 펄쩍 뛸 정도로 고통을 느낀다. 어디가 아프고 얼마나 아픈지 무척 잘 안다. '자기 자신이라면 너무도 잘 안다.' 그런데 그것이 타인에 관한 것이라면, 안다고 할 수 있을까?

다른 사람도 몸이 있으므로 이가 됐든 새끼발가락이 됐든 틀림없이 아플 것이다. 아무래도 이렇게 생각하고 싶어진다. 자신이 잘 아는 **고통**에서 출발하여 타인의 고통을 유추할 수 있다고 생각해버리는 것이다.

이것이 비트겐슈타인이 말하는 '무책임한 일반화'가 아닐까? 여기에서 비트겐슈타인은 '단 하나의 예'(심지어 '하나'를 강조한다)라고 말하는데, 이는 무척 재미있는 표현이다. 왜냐하면 이때의 '하나'는 '하나'가 아니기 때문이다. 물론 자신에게만 국한된 예이므로, '단 하나'라는 사실은 명백하다. 그러나 이때의 '하나'는 '하나, 둘, 셋'의 하나가 아니다. 애초에 셈을 거부하는 '하나'다. 그 이외에는 존재하지 않기 때문이다. 이 '단 하나'는 '유일무이'한 '하나'이자 '하나=전부'의 '하나'인 것이다.

이런 상황에서 애초에 '일반화'가 가능하기나 할까. 당연히 무리다. '일반화'란 하나의 사례를 모든 사례에 끼워 맞추는 것이기에 처음부터 '하나=전부'인 '단 하나'는 일반화의 길을 걸을 수 없다. 아니, 단 한 걸음도 뗄 수 없다.

타인의 고통은 나의 고통에서 절대적으로 먼 곳에 있다. 내가 알 수 있는 것이라곤 나의 고통뿐이며 아무리 애써도 타인의 고통에는 가닿을 수 없다. 그러고 보면 나의 고통과 타인의 고통은 전혀 다른 명사다. 우연히 '고통'이라는 공통의 단어가 쓰였을 뿐이다. 하지만 '고통'이라는 말이 공통으로 쓰였다는 것은 아무런 의미도 없다. '다리'[脚]와 '다리'[橋]가 '다리'라는 발음에서 공통점을 지닌다는 것만큼이나 의미가 없다.

슬슬 '딱정벌레'가 등장할 차례다. 비트겐슈타인은 다음과 같이 말한다.

누구나 자신에 대해 "'고통'이란 무엇인지, 오로지 자신에 관해서만 안다"고 나는 말한다! 누구나 상자를 하나 가지고 있다고 생각해보자. 그 안에는 우리가 '딱정벌레'라고 부르는 것이 들어 있다. 가정해보자. 누구도 다른 사람의 상자 속을 들여다볼 수는 없다. 그리고 누구나 '자신의 딱정벌레를 본 것뿐이면서 딱정벌레가 무엇인지 안다'고 말한다.

나_라는 세계의 발견

여기 몇 사람이 모여 있다. 무엇을 위해 모였는지는 아무도 모른다. 웬일인지 각기 비슷한 상자를 하나씩 들고 있다. 그 상자 안에는 모두가 '딱정벌레'라고 부르는 것이 들어 있다. 이런 이야기다. 매우 이상한 설정이지만 비트겐슈타인이니 어쩌겠는가. 아무튼 모인 사람들은 아무래도 꽤 배타적인 듯하다. 자신의 상자 속을 다른 이에게 절대 보여주지 않는다. '딱정벌레'라고 부르는 무언가가 들어 있는데 타인의 상자를 확인할 수는 없는 것이다.

이 설정은 바로 **고통**에 대한 이야기라는 사실을 명백히 알 수 있다. 왜냐하면 우리 또한 마찬가지로 '고통'이라는 단어를 사용하는데 다른 사람의 '고통'을 확인하는 것은 절대로 불가능하기 때문이다. 자신의 위통이나 편두통은 직접적으로 알 수 있지만, 똑같이 '고통'이라고 부르는데도 아무리 친한 사람이라 해도 그 사람의 '고통'을 확인할 수는 없다. 그 사람의 딱정벌레 상자를 들여다볼 수는 없는 것이다.

여기서 무엇이 가장 이상한가? 나는 '고통'이라는 말이 가장 이상하다고 생각한다. 어떻게 자신의 이것과 타인의 그것을 같은 단어인 '고통'이라는 명사로 표현할 수 있을까. 이상하지 않은가? 그 누구도, 단 한 번도 확인한 적이 없는데 같은 단어로 부른다. 타인이 상자를 볼 수 없는데 왜 우리는 자기 상자 속 알맹이와 마찬가지로 '딱정벌레'라고 부르는 것일까. 이것은 그 누구도 알 길 없는 이상한 일이다.

한편 비트겐슈타인은 다음과 같이 이야기를 이어간다.

이 경우 다른 상자에는 다른 것이 들어 있을 가능성이 있다. 심지어 그것이 계속 변할 가능성도 생각해볼 수 있다.

— 《철학적 탐구》 293

누구도 다른 사람의 상자 안을 들여다볼 수 없으므로 각기 다른 것이 들어 있을 가능성이 있다. 아니 다른 것이 들어 있다고 생각하는 편이 더 자연스럽다. 왜냐하면 지금껏 누구도 타인의 상자 속을 확인한 사람은 없으니까. 형태가 없는, 언제나 변화하는 액체나 눈에는 보이지 않는 기체 같은 것이 들어 있을 수도 있다. 그것은 자신만이 안다. 그렇다면 '딱정벌레'라는 말은 대체 무엇일까.

비트겐슈타인은 이어서 다음과 같이 말한다.

나_라는 세계의 발견

그러나 이때 그 사람들이 '딱정벌레'라는 단어를 사용하는 방법이 있다면? 그것은 사물의 이름을 사용하는 방법과는 다를 것이다. 상자 속 사물은 절대 언어 게임의 일부가 아니다. 무언가 있는 것조차 아니다.

– 《철학적 탐구》 293

우리는 어떤 말이라도 같은 말을 사용한다. 이상한 소리 같지만 말은 누가 쓰든 같은 법이다. 가령 '딱정벌레'라면 '딱정벌레'라는 말을 모든 사람이 일률적으로 쓴다. 물론 발음이 조금 다르거나 억양이 다르기도 하지만, 일단 '딱정벌레'라는 발음을 판별할 수 있다면 의사소통은 가능하다. 곧 말은 누구에게나 같다. 그렇기에 누구나 쓰는 것이다.

이 또한 터무니없이 이상한 일이라고 생각하지만 그런 표면적인 일이 일어나는 것이 바로 언어 사용이라 할 수 있지 않을까. 그리고 이 언어 사용에서 그 '배후에 있는' 내면적인 것은 자신 이외에 누구도 타인의 내면을 비교 검토할 수는 없다. 누구도 진실은 알 수 없다. 진실이라는 것이 있는지조차 위태롭다.

이런 식으로 우리는 말을 주고받는다. 곧 '같은 말'을 쓰고 있을 뿐이라는 것이다. 누구나 '고통'이라는 같은 말을 쓰지만, 그것이 무엇을 의미하는지, 타인이 쓰는 '고통'과 자신이 쓰는 '고통'이 무엇을 의미하는지는 모른다. 그야 물론 자기 자신의 '고통'이라면 잘 안다. 복통, 두통, 치통 등의 차이도 알고 그 고통의 정도도 자기 자신의 것이라면 잘 안다. 자기 자신의 '딱정벌레' 상자를 들여다보면 되니까 자신의 **딱정벌레**는 '아, 이거로군' 하고 확인할 수 있다.

하지만 실제 말의 주고받음(언어 게임)에는 자기만의 **딱정벌레**는 절대 등장하지 않는다. 등장하는 것은 '딱정벌레'라는 같은 말뿐이다. 비트겐슈타인은 바로 이것이 우리가 하는 언어 게임의 실정이라고 말하고 싶은 것이다. 이러한 말의 실제 사용법, 사용 현장에서 일어나는 일이야말로 말의 진정한 모습이며, 누구나 같은 의미로 사용한다는 것은 그 사용 현장과는 아무런 관련이 없다고 주장한다. 왜냐하면 '딱정벌레'의 상자 속 알맹이는 사용 현장에는 그 모습을 전혀 드러내지 않기 때문이다. 심지어 '상자 속이 텅 비어 있는 일'조차 충분히 있을 수 있다.

비트겐슈타인은 다음과 같이 결론짓는다.

나_라는 세계의 발견

곧 이런 말이다. 고통을 표현하는 문법을 '대상과 이름'이라는 패턴에 따라 구성하면 대상은 무관한 것으로서 고찰에서 분리된다.

– 《철학적 탐구》 293

우리는 어디까지나 '표기'만의 세계에서 말을 주고받는 것이지 그 '표기'가 대상을 드러내는지는 알 수 없다는 말이다. 실제 우리의 활동을 보면, 말의 대상은 애초에 상관없는 것이다. 말은 그저 그 말을 사용할 뿐이다. 그리고 그 사용 현장에서 딱히 문제가 일어나지 않으면 우리의 언어 게임은 아무런 문제 없이 앞으로 나아간다.

021

아픔과
그 진동

—

고통이 표현되는
방향

그렇다면 비트겐슈타인은 가령 '고통'이라는 말과 고통 그 자체에 대해 어떻게 생각했을까? 애초에 '고통'이라는 말은 고통이라는 사실과 어떤 관계를 맺고 있을까? 비트겐슈타인이 '고통'에 관해 논의한 내용 중, 무척 큰 문제를 품고 있는 것으로 보이는 《철학적 탐구》의 구절을 살펴보자.

"그러나 고통이 있어서 아파하는 것과 고통이 없는데 아파하는 것은 다르다. 그것은 당신도 인정할 것이다". 인정하기만 하겠는가. 그보다 더 큰 차이가 어디에 있다는 것인가! "하지만 그런데도 당신이 언제나 다다르는 결론은 '감각 그 자체는 아무것도 아니다'가 아닌가!" 아니, 그렇지 않다. 감각은 무언가가 아니지만 아무것도 아닌 것은 아니다! 결국, 아무것도 아닌 것이 아무것도 진술되지 않는 무언가와 마찬가지로 작용하는 것일 뿐이다. 우리는 여기에서 끊임없이 고개를 쳐드는 문법을 내던졌을 뿐이다.

– 《철학적 탐구》 304

비트겐슈타인의 원래 생각('언어 게임' 속에서 말이나 몸짓과 같은, 확실히 확인할 수 있는 것만으로 이야기를 진행해나간다)에서 보면, 언어 게임 참가자는 '고통의 몸짓'으로만 알 수 있으므로, 이 구절만으로 갑자기 '고통을 동반한 고통의 몸짓'과 '고통 없는 고통의 몸짓'에 차이가 있다는 말을 그가 갑자기 꺼내는 것은 분명 이상하다. 그는 왜 이런 말을 했을까.

'그러나 고통이 있어서 아파하는 것과 고통이 없는데 아파하는 것은 다르다. 역시 그것은 당신도 인정할 것이다'라는 도발적인 단정(비트겐슈타인이 부정하는 것을 전제로 한 도발)에 대해, 비트겐슈타인은 자기도 모르게 "'고통을 동반한 고통의 몸짓'과 '고통 없는 고통의 몸짓'에는 차이가 있지. 당연하지"라고 답한다. 이는 지금까지 내 생각과 완전히 모순된 것이므로 꽤 놀랍다. 비트겐슈타인과 논의하던 상대방도 놀란 나머지 "당신이 '감각 그 자체는 아무것도 아니'라고 그랬잖아요"라고 다그쳤을 정도다. 《철학적 탐구》의 수많은 구절 중에서 이 부분만큼은 나도 비트겐슈타인 편을 들수 없다. 아무리 생각해도 이상하니까.

앞서 "'딱정벌레' 이야기에서 '딱정벌레의 상자' 안에 아무것도 들어 있지 않아도 '딱정벌레'라는 말을 모두 사용한다면 언어 게임은 아무런 문제 없이 앞으로 나아간다고 하지 않았습니까? 그러니 '감각 그 자체'는 '아무것도 아니'라고 말하는 것 아닌가요?"라며, 상대방은 거듭 확인하려 할 것이다. 물론 비트겐슈타인의 논의에 충실히 따른다면 '딱정벌레의 상자' 속에는 아무것도 안 들어 있다 해도 전혀 문제가 없을 것이다. 자신도 그렇게 말하고 있으니까. 그런데 이제 와서 완전히 딴소리를 한다. 대체 무슨 일일까.

매우 이해하기 힘들지만 어떻게든 비트겐슈타인의 생각을 추측해보자. 비트겐슈타인은 아마도 이런 말을 하고 싶어 한 것이 아닐까.

우선 두 가지를 상정해보자. 첫 번째, 언제나 비트겐슈타인이 강조하는 생각이다. 언어 게임의 현장에서 각각의 참가자로 시선을 돌려보는 것이다. 공적이고 모두가 확인할 수 있는 장에서 사적인 내면으로 방향이 전환되는 것이다. 그렇게 말은 하지만 언어 게임의 현장에서는 참가자 중 한 사람인 나만이 그 방향으로 향할 수 있다. 나의 내면을 알고 있는 것은 나뿐이기 때문이다.

곧 이 생각의 출발점은 언어 게임이 벌어지는 우리의 생활의 장이다. 우선 나가 언어 게임에 참여한다. 내가 수많은 사람과 함께 언어를 주고받는다. 곧 이 장은 우리 생활 그 자체라고 할 수 있으리라. 이러한 생활의 장에서는 누구나 확인할 수 있는 각종 사건이 일어난다. 누군가의 수다가 들리고 자신이 한 이야기도 들린다. 혹은 타인의 표정이 보이기도 하고 다른 사람의 몸짓이나 그들이 내는 소리가 들리기도 한다. 타인의 행동과 그것에 동반하는 배경, 사물의 여러 부분을 지각하고 계속 확인한다. 이렇듯 보거나 들을 수 있는 영역에서 나 자신으로 향하는 방향이 있을 것이다. '객관적 세계에서 주관적 영역으로의 방향'이다.

두 번째는 나의 영역을 출발점으로 삼는다. 나에게는 나의 영역만이 확실한 영역이다. 그런 나에서 출발하여 외부 누구나 확인할 수 있는 영역으로 향한다는 말이다. 쉽게 말

나_라는 세계의 발견

하면, 내가 말하거나 얼굴을 찡그리거나 몸을 움직일 때 다른 사람들이 그것을 보고 느끼는 방향이다. 나의 감각과 감정이 나의 표정이나 몸짓을 통해 겉으로 표현된다. 이른바 '사적 영역에서 공공의 장으로의 방향'이다. 맨 처음 생각과는 정반대 방향이다.

나는 이 두 가지 방향이 있다는 사실을 알고 있다. 누구나 (아마도) 이 두 방향을 왔다 갔다 하면서 살고 있으리라.

'고통을 동반한 고통의 몸짓과 고통 없는 고통의 몸짓이 지니는 차이'를 이 두 방향이라는 관점으로 보면 어떻게 설명할 수 있을까. 설명하기 어려운 문제다. 왜냐하면 '고통을 동반한'이나 '고통 없는'이란 나의 영역에서 일어나는 일인데, '고통의 몸짓'은 공공적인 영역에서 일어나는 일이기 때문이다. '고통이 있는지 없는지'는 나밖에는 모른다. 타인은 절대로 엿볼 수 없다. 그러나 '고통의 몸짓'은 모두가 확인할 수 있는 언어 게임의 현장에서 일어나는 사건이다. 그러므로 '고통을 동반한 고통의 몸짓'이라는 표현에서 '고통을 동반한'과 '고통의 몸짓'은 정반대 방향이다. 전자는 '사적 영역에서 공공의 장으로' 향하지만 후자는 '공공의 장에서 사적 영역으로' 향하기 때문이다.

고통의 유무와 고통의 몸짓은 방향이 정반대이므로, 이 둘이 합쳐진 '고통 있는(혹은 없는) 고통의 몸짓'이라는 표현은 말 그 자체가 모순이다. 이 모순을 해소하기 위해서는 어떻게 해야 할까. 나로부터 출발하는 방향은 자기 자신의 고통에 관해서는 그것이 있는지는 안다. '안다, 모른다'고 말하기 이전에 알고 있는 것이다. 그와는 달리 타인의 몸짓은 '안다/모른다'의 영역이다. 상대방은 그 몸짓을 보고 '아파하는구나' '고통이 있구나'라고 판단하기 때문이다. 이 판단에 따라 '안다/모른다'가 결정되는 것이다.

그리고 우리의 언어 게임의 현장에서는 이 두 방향이 섞여 있다. 언어 게임이라는 생활의 장에서는 각각의 나가 그것에 참가하여 나 이외의 타인의 몸짓을 언제나 관찰하기 때문이다. 나에 관해서는 알지만 타인에 대해서는 몸짓을 보거나 발언을 듣고 판단할 수밖에 없다. 이렇듯 우리는 동시에 두 방향을 살아가는 것이다.

이렇게 생각하면 "그러나 고통이 있어서 아파하는 것과 고통이 없는데 아파하는 것은 다르다. 그것은 당신도 인정할 것이다"라는 말은 이상한 말이다. '고통'과 '고통이 없는 것의 차이'는 알지만 그것이 '몸짓'이라면 알 수 없어지기 때

나_라는 세계의 발견

문이다. 그렇게 되면 이 차이를 판정하는 사람이 어디에 서 있는지가 중요하다. 우리는 나인 동시에 **언어 게임**의 참가자다. 나라는 비밀스러운 골방에서 언어 게임이라는 누구나 참가하는 게임에 쉼 없이 임하고 있다.

우리는 고통이 존재한다는 것은 확실히 안다. '안다/모른다' 이전의 앎의 방식으로 알고 있다. 나가 경험하기 때문이다. 하지만 그 나와 마찬가지로 다른 사람이 고통을 느끼는지 어떤지는 절대로 알 수 없다. 그 사람 안으로 들어갈 수는 없기 때문이다.

그 몸짓에서 거슬러 올라가 상대방의 내면에 도달하는 것은 절대로 불가능하다. 도달할 수 있는 구조를 우리는 애초에 갖고 있지 않다. '자신과 타인이 비대칭'하기 때문이다. 자신이 있는 그대로 전부(나=세계)다. 타인은 그 안에서 그저 등장인물로서만 등장하기 때문이다. 자신과 타인이 대칭적으로 같은 지평에 나란히 서는 일은 없는 것이다.

그러나 비트겐슈타인은 그 몸짓의 차이를 "인정하기만 하겠는가. 그보다 더 큰 차이가 어디에 있다는 것인가!"라고 말한다. 마치 상대방의 내면에 들어갈 수 있다는 듯한 말투다. 곤란하다. 이건 또 무슨 소리일까.

답은 비트겐슈타인의 다음 말에 있지 않을까.

아니, 그렇지 않다. 감각은 무언가가 아니지만 아무것도 아닌 것은 아니다!

감각이라는 것이 어떤 것인가. 실로 흥미로운 표현이다. '무언가'는 독일어로 Etwas, 영어로는 something이다. 우리가 내면에서 느끼는 '감각'은 확실히 '이것'이라고 말할 만한 '무언가'가 아니라는 것이다. '이것'이라고 말할 만한 '무언가', 가령 '자전거'라든가 '책상'이라든가 물체로 지각할 수 있는 (눈으로 보고 손으로 만질 수 있는) 것이리라. '감각'은 그런 것이 아니다. 당연한 소리다. 인간의 '감각'을 눈앞에 펼쳐 보이거나 손으로 만졌다는 사람 이야기는 들어본 적이 없다. 그것은 '무언가'가 아니다.

하지만 그렇다고 해서 '감각'이라는 것이 존재하지 않는 것도 아니다. 나가 복통이나 두통, 치통을 느끼는 것은 확실한 일이기 때문이다. 그러므로 '아무것도 아닌'(독일어로 Nichts, 영어로는 nothing) 것은 아니다. '감각'은 실제로 존재하기 때문이다. 따라서 비트겐슈타인에게 '감각'은 '책상'이

나_라는 세계의 발견

나 '만년필'처럼 지각 가능한 것으로서 존재하는 것은 아니다. 그러나 전혀 존재하지 않는 것은 아니다. 명백히 존재한다고 말하는 것이다. 그렇다. 확실히 그런지도 모르겠다. 하지만 그렇게 되면 맨 처음에 말한 '고통을 동반한'의 문제는 어떻게 되는 것일까.

'고통'이라는 말은 '책상'이나 '연필'과는 달리 지각 가능한 것을 나타내지 않는다. 다만 그렇게 '고통'이라는 말로 표현되는 것이 전혀 존재하지 않는다[無]는 것도 아니다. 분명히 존재하고 나는 그것을 이따금 느끼기도 한다. 그렇게 되면 그 존재하는 **고통**이 나로부터 공공의 영역(언어 게임, 몸짓의 영역)에 어떤 식으로든 영향을 줄 것이다. 그럼으로써 '고통을 동반한 고통의 몸짓과 고통 없는 고통의 몸짓이 지니는 차이'가 분명하다고 말하는 것일까. 그러나 이것만으로는 받아들이기 힘들다.

한 가지, 이런 말은 할 수 있을 것이다. '고통'이라는 말은 언어 게임에서 누구나 쓴다. '말'로는 지각 가능하며 모두가 공유한다. 그러므로 이 '고통'이라는 말을 출발점으로 삼는다면 공공 영역에서 각각의 나로 향하는 방향선은 확실하다. 그러나 그렇다고 해서 그 방향선 다음에 '책상'이나 '컴퓨터' 같은 지각 가능한 물체가 있는 것은 아니다. 그 방향선은 **고통**이라는 매우 이상한 존재로 향한다. 하지만 그것은 단어로서는 존재하지만 '책상'이나 '컴퓨터'와는 달리, 가리키는 대상은 확실하지 않다. '무언가'도 아니고 '아무것도 아닌 것'도 아니다. 그 중간에 있는 존재다.

이렇게 생각하면 이 부분에서 비트겐슈타인이 말하는 후반부는 이해가 간다. 하지만 앞부분에 나오는 '고통을 동반한 고통의 몸짓과 고통 없는 고통의 몸짓이 지니는 차이' 문제는 역시 이해할 수 없다.

다만 여기에서 비트겐슈타인이 결론으로 말하고자 하는 것은 분명히 알 수 있다. 이 부분 마지막에 비트겐슈타인은 이렇게 말한다.

이 역설이 지워지는 것은 다음과 같은 시각에서 확실히 손을 뗐을 때뿐이다. 곧 '언어는 언제나 하나의 방식으로 기능한다. 집, 고통, 선과 악, 그 외 어떤 것에 관한 생각이든, 생각을 전달한다는 같은 목적에 봉사한다'는 시각을 버릴 때뿐이다.

― 《철학적 탐구》 304

나_라는 세계의 발견

말이라는 것은 언제나 같은 모습을 하고 있다. '집'도 '고통'도 '선'도 '악'도 마찬가지로 말로 존재한다. 하지만 잘 생각해보면 금세 알 수 있듯이 실제로 눈으로 보고 손으로 만질 수 있는 **집**과 우리가 이따금 느끼는 **고통**, 추상적인 논의에서 등장하는 **선과 악**이라는 개념은 하나부터 열까지 완전히 다르다. 전혀 단서를 찾아볼 수 없을 정도로 다르다. 그러나 그것들을 같은 말(혹은 '명사')로 사용할 때는 왠지 같은 성질을 지니는 듯한 기분이 드는 것이다. 그것은 완전히 같은 말이자 같은 명사이기 때문이다. 그러므로 '고통'을 물체 같은 것으로 착각하거나 '선과 악'을 손으로 쥐고 만질 수 있다고 믿어버린다. 이러한 잘못된 선입견에서 멀어져야 한다고 비트겐슈타인은 말하는 것이다.

022

확실한 것

—

착각이라는
깨달음

비트겐슈타인은 만년에 《논리철학 논고》에서 말한 '논리', 곧 이 세계의 '얼개'와는 꽤 다른 '논리'에 관해 말했다. 단어는 같지만(독일어로 Logik, 영어로 logic이다) 내용은 꽤 다르다. 무척 흥미로운 개념이므로 그 새로운 '논리'에 관해 써보고자 한다. 그것에 앞서, 그 논리가 등장하는 《확실성에 관하여》라는 책의 내용을 잠시 살펴보자. 사실 나는 비트겐슈타인의 책 중에서 이 책이 가장 좋다.

이 책에서는 "'확실한 것'(독일어는 Gewissheit, 영어는 certainty)이란 어떤 것인가"라는 물음을 다양한 각도에서 살펴본다. 이때, 이름은 꺼내지 않지만 어떤 인물을 염두에

두고 논리를 전개한다. 그는 '확실한 것'을 철저히 추구한다는 점에서 철학 사상 가장 유명한 사람이다. 바로 르네 데카르트다. 그는 '철학적 회의'(무엇이든 무리해서라도 의심하려는 프로젝트)를 한 사람이다. 무엇이든 의심해서 가장 '확실한 것'을 찾아내려 했다. 비트겐슈타인은 이 사람을 가상의 적으로 삼아 논의를 진행한다.

그렇다면 이 '방법적 회의'를 살펴보자. 방법적 회의는 세 단계를 밟아 온갖 것을 의심한다. 첫째, 우리의 보통 감각을 의심한다. 바로 외계를 지각하는 오감이다. '우리는 정말로 제대로 사물을 보고 듣는 것일까?' 하는 의문이다. 그야 눈앞에 컵이 있다면 컵이 보이고 만년필이 있다면 만년필이 보인다. 대부분 틀리는 일은 없다. 확실하다. 그리고 이러한 감각에 따라 우리는 하루하루 일상생활을 해나간다. 만약 이것이 확실하지 않다면 꽤 곤란해질 것이다.

그러나 우리의 감각에는 착각이라는 현상이 있다. 우리는 때로 착각을 한다. 만년필이라고 생각했는데 연필이라거나, 투명한 그릇을 컵이라고 생각하거나, 아는 사람이라고 생각했는데 사람을 잘못 보기도 한다. 다양한 상황에서 착각을 범한다. 데카르트는 이 착각이라는 현상이 있으므로 감각을

나_라는 세계의 발견

신뢰할 수 없다고 말한다. 착각을 이유로 삼아 외부 세계를 지각하는 감각을 모두 확실한 것이 아니라고 결론 짓는다.

나아가 데카르트는 '자신이 여기에 있다는 감각은 어떤가?'를 음미한다. 지금, 나는, 여기에 있고, 눈앞에 컴퓨터가 있다. 나에게는 몸이 있으며 손이 있고 키보드를 두드리고 있다. 책상에는 책이 쌓여 있다. 이것은 누가 뭐라 해도 확실한 것 아닌가? 내가 존재한다는, 내면으로부터 끓어오르는 감각이다. 그러나 이 또한 데카르트는 잘못됐다고 말한다. 꿈이라는 현상이 있기 때문이다.

어젯밤 나는 이상한 꿈을 꾸었다. 투명한 집에서 아이들과 놀고 있는데 우리 아버지가 그 아이들을 자가용 비행기(아담스키형 투명한 작은 비행기)에 싣고 투명한 집 주변을 빙글빙글 돌았다. 모든 존재하는 것(단, 인간은 제외)은 투명했다. 비행기도 투명하므로 속이 훤히 들여다보였다. 아이들은 모두 기뻐했다. 조마조마하는 마음으로 보고 있는데 아버지가 비행기를 뒤집더니 투명한 집에 살짝 부딪혔다. 이때, 깜짝 놀라 잠에서 깼다.

이렇듯 꿈이라는 현상이 있으므로, 아무리 '나는 여기에 있어. 지금 나는 확실히 집 안에 있어'라고 생각해도 그것은 확실한 것이 아니다. 잠이 깨는 그 순간 침대에 있으므로, 마치 착각처럼 더는 확실한 것이 아니기 때문이다. 그러므로 이러한 내면으로부터 느끼는 존재 감각도 신뢰할 수 없게 된다.

그렇다면 수학이나 논리는 어떨까. 그래도 이것은 확실한 것이 아닐까. 누가 어디에서 계산하더라도 '3+4'는 '7'이고 모순은 언제든 어디서든 모순이므로. 하지만 데카르트는 '만약 전지전능한 악령이 있다면'이라는 터무니없는 말을 꺼낸다. 그러한 전지전능한 악령이 우리가 '3+4'라는 계산을 할 때 진짜 답은 '8'인데 '7'이라고 들리도록 만들어놓았다면 어쩌느냐는 것이다. 무척이나 장난을 좋아하는 악령이란다. 만약 그렇다면 수학도 논리도 결코 확실한 것이라고는 할 수 없어진다는 소리다. 악령은 무엇이든 할 수 있는 고약한 녀석이므로 우리는 언제든 어떤 일이든 멍하니 당할 수밖에 없는 것이다.

이상이 방법적 회의를 대략 설명한 내용이다. 이것에 대해 비트겐슈타인은 훌륭한 반론을 한다. 나는 젊은 시절 이 반론을 처음 읽었을 때 진심으로 감동한 기억이 있다. 이거야말로 진정한 철학이라고 생각했다. '자연과학도 사회학도 아닌 철학이란 바로 이런 일을 하는 거구나' 하며 감동했다. 그렇다면 하나하나 살펴보자.

우선 우리의 보통 감각에 관한 의심부터 생각해보자. 착각이란 무엇일까. 어떤 현상일까. 애초에 왜 우리는 착각하는 것일까. 가령 연필을 만년필이라고 착각하는 경우를 생각해보자. 아침에 일어나서 곧장 서재에 들어가니 책상 위에 연필이 놓여 있었다. '어라, 누가 놔뒀지? 어제는 연필 안 썼는데'라고 생각하면서 다가가서 보니 그것은 '만년필'이었다. 안경을 쓰지 않았고, 색이 같은 검정색이어서 잘못 본 것이다. 이러한 착각은 왜 일어나는 것일까.

어찌 됐든 필요한 것은 '연필'과 '만년필'을 내가 잘 알고 있어야 한다는 점이다. 둘 다 내가 확실히 알고 있지 않으면 착각할 수 없다. 곧 '연필'이라고 생각했는데 '만년필'이었다는 착각을 하기 위해서는 이 둘을 확실히 지각해야만 한다는 말이다. 나 자신의 확실한 지각이 없으면 착각은 생겨나지 않는다.

우리는 착각할 대상을 모른 채로 착각할 수 없다. 만약 '연필'을 '연필'이라고 금방 알아채지 못한다면 '연필'이라고 생각할 수 없다. 착각 그 자체가 성립하지 않는다는 말이다.

'만년필'을 '만년필'이라고 확실히 알지 못한다면 '뭐야, 만년필이구나'라며 자신의 착각을 착각이라고 깨달을 수 없다.

이렇게 생각하면 데카르트가 말한 것처럼 착각이 있기에 감각을 신뢰할 수 없다는 말은 무척 이상한 말이 된다. 왜냐하면 착각이 성립하기 위해서는 그 전에 올바른 (확실한) 감각이 필요하기 때문이다. 확실한 지각을 바탕으로 해야 비로소 착각이라는 현상이 나타난다. 그러므로 착각을 이유로 감각을 부정하는 것은 어불성설이다. 그렇게 되면 착각 자체가 성립되지 않기 때문이다. 올바른 감각이 있고 그것이 토대가 되어 그 위에 비로소 착각이 나오기에, 착각이 있다고 해서 올바른 감각을 부정하는 것은 자신이 태어나기 전에 필요한 토대를 무너뜨리는 셈이 된다. 그 결과 착각은 절대 성립하지 않는 것이 된다. 타임머신을 타고 과거로 돌아가 자신의 부모를 실수로 죽이면 자신이 태어날 수 없는 것과 비슷한 상황이랄까.

그렇다면 다음에 나오는 '꿈'은 어떨까. 이것도 마찬가지 구조다. 꿈이 꿈이려면 깨어 있는 상태가 있어야만 한다. 꿈이 계속 이어져 잠에서 깨지 않는다면 그것은 꿈이 아닌 현실이다. 투명한 집에서 계속 살고, 아담스키형 소형 비행기를 아버지와 함께 매일 조종하다가 수명이 다하여 죽는다면, 그건 그런 현실을 지닌 인생이다. 꿈이 아니다. 깨지 않는 꿈은 꿈이 아니다. 깨지 않는 꿈은 현실 그 자체다. 곧 착각이 '올바른 지각'을 배경으로 한 것처럼, 꿈도 '깨어 있는 상태'가 필요한 것이다. 깨어 있는 상태가 있고 자다가 이따금 꿈을 꾸기에 그것은 꿈인 것이다.

계속 꾸는 꿈은 '생시'다. 각성 상태를 토대로 해야 비로소 꿈이 등장할 수 있다. 꿈에는 깨는 것이 꼭 필요하다. 그러므로 꿈이 있기에 우리의 존재 감각을 부정하는 것은 이상한 일이 되는 것이다. 우리가 평소에 깬 상태로 자신의 존재를 확실한 것이라고 생각하기 때문에 꿈을 꾸다가 깼을 때 "아, 꿈이었구나"라고 깨달을 수 있기 때문이다. 꿈은 각성한 후에 반드시 과거형으로 ('꿈을 꾸었다') 떠올린다. 현재 진행형으로 마지막까지 기술할 수 있는 꿈은 꿈이 아닌 현실이므로. 그러므로 우리의 평소 존재감을 꿈을 이유로 부정하는 것은 어불성설이다.

이미 알아챘겠지만 악령에게 속아 넘어가는 수학이나 논리도 마찬가지다. 계산 오류나 모순이 성립하는 세계가 있다는 것은 올바른 계산이나 올바른 논리의 세계가 존재하기 때문이다. 계산 오류만의 세계(악령이 날뛰는 세계)나 모순뿐인 세계는 그것만으로 성립할 수 없다. 그것만으로 그런 세계가 성립한다면 그것이 '올바른 세계'다. '유일무이한 올바름'이 지배하는 세계다.

그러므로 만약 오류만의 세계가 존재한다면 그 배후에 반드시 올바른 계산, 정확한 논리의 세계가 있어야만 한다. 그 올바른 계산의 세계에 누구도 갈 수 없다면 우리의 세계가 오류라고는 누구도 말할 수 없다. 곧 악령이 계산 오류라는 덫을 우리에게 항상 쳐놓았다면 그 계산 오류만의 세계야말로 올바른 계산을 하는 제대로 된 세계일 것이다. 각성이 없다면 깨지 않는다면 꿈은 존재할 수 없다. 올바른 지각이 없다면 착각은 존재할 수 없는 것이다.

이렇듯 비트겐슈타인은 데카르트의 '방법적 회의'를 밑바닥부터 뒤집어버렸다.

023

의심하는 것과
믿는 것

—

온전한
신뢰

이러한 '방법적 회의'에 대한 비트겐슈타인의 비판에서 무엇을 알 수 있을까. 닥치는 대로 무엇이든 의심하려 한 데카르트는 무슨 실수를 범한 것일까. 그는 **무언가를 의심하기 위해서는 그러기 위한 기반이 필요하다**는 것을 깨닫지 못한 것이리라. 착각에는 올바른 지각이, 꿈에는 각성 상태가, 계산 오류에는 올바른 계산이 그 기반이 되듯, 의심하기 위해서는 그 의심을 성립시킬 기반이 필요하다는 것을 이해하지 못한 것 아닐까. 그러므로 착각을 이유로 감각 전부를 부정하고 꿈을 이유로 이 현실 전체를 의심하는 것이 가능했으리라.

그렇다면 의심을 성립시키는 기반이란 과연 무엇일까. 그

나_라는 세계의 발견

전에 애초에 의심이란 어떤 것일까. 고등학교 문법 시간에 선생님이 적당한 예문 하나를 칠판에 쓰라고 시켰다고 치자. 학생은 '설사例え 내가 거짓말을 한다 해도 누구도 그것을 깨닫지 못한다'고 썼다. 다른 학생이 그 문장을 보고 어색함을 느껴 의심하다 사전을 찾아보니 '설사'는 한자로 쓰면 '가령仮令'이라는 사실을 알게 되었고 그 학생이 틀렸다는 사실이 판명되었다. 이때 '의심'은 왜 성립하는 것일까.

우선 이 예문을 쓴 학생이 언제나 한자를 틀리는 사람이라면 어떨까. 그렇다면 다른 학생들은 애초에 그 문장을 제대로 읽지도 않았으리라. 분명 어차피 틀렸을 테니까, 하며 상대도 안 했을 것이다. 그 문장을 처음부터 꼼꼼히 읽고 어색함을 느끼기(의심하기) 위해서는 그 학생이 평소에 올바른 문장을 쓴다는 전제가 있어야 한다. 틀린다고 해도 가끔 틀리는 정도가 아니면 주위에서 그 학생이 쓰는 문장을 보지는 않을 것이다.

한편, 그 문장을 보고 어색함을 느낀 학생은 어떤가. 그 학생도 초등학교 시절부터 배워온 국어 지식이나 책을 읽으면서 축적해온 지식이 없다면 칠판에 쓰인 한자에 대해 어색함을 느끼고 의심하는 일은 없을 것이다. 극단적인 얘기를 하자면 국어를 모르는 사람이라면 애초에 이 문장을 읽는 것도 불가능하다. 그렇게 생각하면 이 문장을 보고 어색함을 느끼고 의심하기 위해서는 국어를 이미 습득하고 수많은 문법 지식이 사전에 없다면 불가능하다는 말이 된다.

곧 그 문장이 맞고 틀린지 여부를 의심하려면 일단은 그것을 쓴 사람을 '믿는 일'(그 사람이 보통은 국어 문법을 틀리지 않는다는 것)과 자기 자신의 국어 지식을 믿는 일(학교나 독서로 수많은 국어 문법을 수용하고 기억해온 사실)이 필요하다.

요컨대 우리는 의심하기 위해서는 일정한 양의 '믿는다'는 행위가 필요하다. '믿는다'는 배경이 없다면 '의심한다'는 행위는 불가능하다. 게다가 '의심한다'는 행위는 한 번뿐인데 그 한 번이 가능하기 위해서는 무수한 '믿는다'는 행위(믿는다는 것도 의식하지 않을 정도로 받아들인다는 것)가 기반에 깔려 있어야만 한다. '의심한다'와 '믿는다'는 것은 무척 비대칭적인 관계(같은 장소에서 나란히 비교할 수 없는 관계)인 것이다.

만약 우리가 모든 것을 의심하기 시작한다면 어떻게 될까. 칠판에 문장을 쓴 학생뿐 아니라 그 시간에 국어 선생님이 말하는 것도 모두 의심한다. 그 선생님이 무엇을 말하든 무엇을 쓰든 모두 의심하면서 따지고 든다. 선생님이 말한 문장이나 쓴 문장 속 단어를 모두 사전으로 찾아볼 것이다. 일일이 모든 것을. 그러나 이렇게 의심하기 시작하면 얼마 못 가 그 사전도 신뢰할 수 없게 될 것이다. 사전도 교과서도 모두 의심하게 된다면 더는 무엇도 할 수 없게 된다. 제대로 된 수업이나 대화가 성립할 수 없게 된다. 생각이나 말을 주고받는 일이 한걸음도 나아가지 못한다.

그뿐 아니다. 더욱 철저하게 의심하는 것도 가능하다. 게다가 철학에서는 자주 이런 방법으로 논의한다. 칠판에 적힌 글자 그 자체를 보는 방식마저 의심의 대상이 될 수 있다. 그 학생이 '설사'라고 썼을 때 자신에게는 그렇게 보이지만 다른 학생에게는 어쩌면 '설마'라고 보였을지도 모른다. 타인에게 보이는 내용을 결코 확인할 수는 없으므로 그 가능성도 부정할 수 없다. 타인의 시각상視覺像과 자신의 시각상을 비교하는 것이 불가능하기 때문이다. 두 사람의 시각상을 비교하는 것은 애초에 누구의 시각에서 비교하느냐가 문제가 된다.

이렇게 생각하기 시작하면 확실한 것은 하나도 없게 된다. 교실이나 수업뿐 아니라 모든 것이 무너져버리는 것이다.

확실한 것은 어디에도 없기에. 무엇이든 의심하는 것은 가능하지만 여기까지 오면 아무것도 의심하지 않는 셈이다. 왜냐하면 자신이 그렇게 의심하는 것조차 확실한 것이 아니기 때문이다.

이렇듯 우리가 무언가를 의심하기 위해서는 의심하지 않는 발판이 꼭 필요하다는 사실을 알 수 있다. 자신의 지각을 믿는 일, 그리고 그 지각은 타인의 지각과 마찬가지임을 받아들이는 일, 국어를 통째로 받아들이는 일 등이 필요한 것이다. 그리고 어린 시절부터의 기억을 의심하지 않고, 학교 선생님의 지식이나 다른 어른들의 지식을 온전히 신뢰해야 비로소 우리는 아주 조금은 의심할 수 있다고 말할 수 있으리라.

나_라는 세계의 발견

024

인류는 달에
간 적이 없다

—

불가능한 의심이
변하는 순간

우리는 다양한 것을 의심한다. 저 사람은 파스타를 먹고 싶다고 말하지만 실은 라멘을 먹고 싶은 것이 아닐까, 배가 아프다고 하고 조퇴한 저 남자는 실은 다른 용무(콘서트나 연극을 보러 가는)가 있는 것은 아닐까, 입으로는 '나이에 비해 젊네요'라고 말하지만 사실 눈곱만큼도 그렇게 생각하지 않는 것은 아닐까 등. 하지만 애초에 이러한 의심이라는 행위는 어떻게 성립하는 것일까. 우리는 때로 의심을 하므로, 그렇게 드문 일은 아니다. 확실히 그저 '의심하면 될' 뿐인 문제인지도 모르지만, 정말로 우리는 '당장 의심부터 하는' 것이 가능할까. 앞에서도 썼지만, 실은 '그것은 무리다'라고 비트겐슈타인은 말한다.

나_라는 세계의 발견

의심하기 위해서는 그 주변이 '믿는 것'으로 덮여 있어야만 한다는 것이다. 우리는 '당장 의심부터' 하는 것이 아니라 '일단 믿는다'는 것이다. 이른바 '믿는다'라는 무색의 영역이 토대를 이루고, 그중 일부에서 '의심'이 불현듯 나타난다는 느낌일까. '믿는다'는 마음이나 행위가 없으면 애초에 '의심'하는 마음이나 행위는 나타나지 않는다. 이는 사실적이라기보다는 원리적인 것이라 할 수 있으리라. 우연히 그런 것이 아니라 반드시 그런 구조로 되어 있다는 것이다.

가령 비트겐슈타인은 《확실성에 관하여》에서 다음과 같이 말했다.

아이는 어른을 신뢰함으로써 배운다. 의심하는 것은 믿는 것 다음에 온다.

— 《확실성에 관하여》 160

학생은 자기 선생님과 교과서를 믿는 것이다.

— 《확실성에 관하여》 263

과연 맞는 말이다. 아기나 어린아이는 누가 말하든 그 말을 있는 그대로 믿는다. 전적으로 믿는다. 애초에 '의심하는 법을 모른다'. 무엇이 됐든 그대로 '받아들이는' 것이다. 곧 우리 안에는 태어나면서부터 일정 기간은 '의심'하는 마음이나 행위는 존재하지 않는 것이다. 그렇게 생각하면 여기에서 말하는 '믿는다'는 것은 보통 우리가 쓰는 '믿는다'와는 명백히 다르다. 아이는 어른이나 선생을 '믿는' 것이 아니라 '믿는다/의심한다'와 같은 대립이 나오기 전의 '순수한 수용'을 하기 때문이다.

아이는 태어나자마자 무엇이든 받아들인다. 자신이 적극적으로 무언가를 주장하거나 하물며 거부하지도 않는다. 어느 정도의 기간(초등학교 저학년 정도까지일까) 동안 모든 것을 받아들이는 것이다. 여기에서 말하는 '믿는다'는 그러한 받아들임이라고 생각한다. 여기에서의 '믿는다'는 '싫든 좋든 그대로 수용한다'라고 말하는 편이 의미로서는 맞을지도 모른다. '믿는다/의심한다' 이전의 수용이라고 할 수 있으리라.

이 수용 기간이 없으면 '의심한다'는 행위는 불가능하다. 일정 기간에 걸쳐 기반(지식과 신념 곧 발판)이 형성된 후에 그것을 근거로 '의심'하는 것이다. 무엇이든 믿는 상태의 토대를 만들고 그 토대에 올라선 후에 우리는 비로소 '의심'

나_라는 세계의 발견

하는 것이 가능해진다. 그러므로 우리는 그 토대를 부수는 행위는 할 수 없다. 그 토대를 부수는 행위란 '모든 것을 의심'하는 행위다. 비트겐슈타인도 '모든 것을 의심'하는 것은 도저히 불가능하다는 것에 대해서 다양한 표현을 했다(모두 《확실성에 관하여》에서 인용했다).

모든 것을 의심하려는 사람은 의심하는 지점까지 가닿을 수 없을 것이다. 의심의 게임은 이미 확실성을 전제로 한다.

– 《확실성에 관하여》 115

모든 것을 의심하는 의심은, 실은 의심이 아니다.

– 《확실성에 관하여》 450

일정한 근거가 있기에 비로소 사람은 의심하는 것이다.

– 《확실성에 관하여》 458

도저히 의심할 수 없는 것에 지지받고서야 비로소 의심이 성립하는 것이다.

– 《확실성에 관하여》 519

그리고 비트겐슈타인은 이러한 '의심'이라는 행위의 기반을 이루는 부분, 곧 우리가 덮어놓고 '믿는'(수용하는) 토대를 더욱 자세히 조사해나간다. 그러면 그곳에는 특별한 문장이 몇 개나 있다는 사실을 깨닫는다. 우리가 결코 의심할 수 없는 '믿는다/의심한다' 이전에 바위와도 같은 것을 철저하게 음미하면 그 바위를 이루는 문장이 나온다.

우리는 몇 년쯤 수용하는 기간이 있다. 그동안 싫든 좋든 다양한 사건을 받아들인다. 그 사건을 기반으로 이번에는 '의심'하는 것을 시작하는데 그러한 '의심'이 절대로 가닿지 않는 장소('특별한 문장'이 있는 곳)가 있다는 것이다. 그 장소에 있는 특별한 문장에 비트겐슈타인은 **경첩 명제**라는 신기한 이름을 붙였다.

경첩이란 문과 벽면 사이에 있는 물건이다. 꽤 멋들어진 모양의 기구다. 나는 이걸 아주 좋아한다. 이 '경첩'에 주목하여 '믿는다―의심한다'라는 행위의 가장 중요한 부분을 설명하기 위해 이 말을 사용한 것이다. 문이 열리려면 '경첩'이 있어야만 한다. 이것이 없으면 문은 사용할 수 없다. 이와 마찬가지로 '경첩 명제'도 우리의 일상적인 언어의 주고받음, 의심하고, 믿고, 싸우고, 화해하는 등의 활동(언어 게임)을 가능케 하기 위해 꼭 필요한 것이다. 곧 '경첩 명제'는 그 자신이 의심받지 않는 암반이기에, 그 위에서 다양한 언어 활동을 전개할 수 있도록 해준다. 자신은 다른 것이 움직이는 것을 도와주기 위해서만 존재한다는 것이다. '문의 움직임'이란 우리가 평소에 행하는 언어의 주고받음이다. 우리는 일상에서 다양한 언어 활동을 해나간다. 그 활동을 지탱하는 토대 역할을 하는 것이 바로 '경첩 명제'다.

비트겐슈타인이 생각한 경첩 명제는 다음과 같은 것이다.

나의 이름은 루트비히 비트겐슈타인이다.

지구는 훨씬 이전부터 이미 존재했다.

오스트레일리아 대륙이 존재한다.

누구나 뇌가 있다.

나의 부모라고 말하는 사람들이 실제로 나의 부모다.

이러한 문장이 의심할 수 없는 것으로서 우리 생활의 가장 뿌리 부분에 있다. 이 토대가 단단하기에 비로소 우리는 평범하게 살아갈 수 있는 것이다. 가령 내가 갑자기 대학 강의 중에 "나는 나카무라 노보루가 아니다. 스티븐 킹이다"

라고 말한다면 어떨까. 도저히 농담하는 듯한 모습이 아니라 진지하게 자신이 나카무라 노보루가 아니라 스티븐 킹이라고 주장한다면? 강의실에 있는 학생들은 무척 곤혹스러워지고 그 이후 나와 일상적인 대화가 불가능해질지도 모른다. 강의실에서 한 사람 두 사람 조용히 나가버릴지도 모른다. 적어도 이전처럼 소통할 수는 없게 될 것이다.

또 "지구는 오 분 전에 탄생했어!"라든가 "내 머릿속에는 진흙이 가득 차 있어. 그러니 머리가 잘 안 움직이는 거야"라고 말한다면 대화든 관계든 거기에서 끝나게 되고 사람들이 나를 병원으로 데려갈 것이다. 곧 이 공동체의 '언어 게임'에 대한 참가 자격을 그때 내가 잃어버리게 되는 것이다.

이러한 경첩 명제에서 나타내는 지극히 당연한 것을 우리는 누구나 거의 무의식적으로 믿고 있기에 일상생활을 다른 사람들과 공동으로 영위할 수 있는 것이다. 만약 이러한 다양한 문장을 모두가 의심한다면 그 사회는 누구도 신뢰할 수 없게 되어 아무것도 믿을 수 없게 되고 모든 것이 엉망진창이 되어버릴 것이다. '언어 게임'의 토대가 무너져버리는 것이다.

확실히 우리가 경첩이라고 믿고 있던 문장이 그 자격을

상실하는 것도 가능성으로서는 존재한다. 물리학이나 역사학에서 새로운 것을 발견하거나 지금까지 믿어왔던 것이 근본부터 뒤집히는 일도 있으리라. 천동설에서 지동설로 사고가 크게 전환되었듯(과학 혁명) 깜짝 놀랄 만한 발견이 있을 가능성도 있다. 의심할 수 없었던 기반을 의심할 수 있는 일도 있었다. 이런 '혁명'을 '패러다임 시프트'('패러다임'=경첩 명제 같은 것)라고도 말한다. 토머스 쿤이라는 과학사가의 말이다.

비트겐슈타인의 《확실성에 대하여》에서도 경첩 명제 중 하나로 '인류는 달에 간 적이 없다'라는 문장이 있다. 비트겐슈타인이 이 원고를 썼을 당시(1951년까지 썼다) 누구도 달에 간 사람은 없었기 때문이다. 그러므로 '나는 달에 간 적이 있다'고 말하는 사람이 있다면 주변 사람과 같은 언어 게임에 참가할 수 없게 되어 일상생활에 지장을 초래할 것이다. 하지만 이제 이 문장은 경첩 명제의 자격을 상실했다. 그 후 1969년, 아폴로 11호가 달에 착륙했기 때문이다. 곧 이처럼 의심하는 것이 불가능한 문장은 시대에 따라 변화할 수도 있다는 것이다. 기반인데 변화한다. 이것이 경첩 명제의 무척 재미있는 점이라고 할 수 있다.

025

두 개의 '논리'

—

세계를 바라보는
위치

—

한편 비트겐슈타인은 우리의 '언어를 통한 주고받음'(이것은 우리의 '생활 형태'라고도 말한다)을 떠받치고 있는 '경첩 명제'를 '논리'라고 부른다. 이것은 무척 재미있다. 왜냐하면 '논리'라는 것은 이 세계의 '얼개'이자 보편적인 것(모든 세계의 공통된 것)이라고 젊은 시절 쓴 《논리 철학 논고》에서 말했기 때문이다. '경첩 명제'와 같은 특정한 문구가 아니었다. 자세히 설명하겠다.

젊은 시절과 다르게 비트겐슈타인은 이 시기에 세계 전체의 논리에 대해서는 생각하지 않게 되었다. 그런 순수한 논리 구조가 세계 속에 존재한다는 생각을 버렸다. 우리의 실제 언어의 주고받음에 초점을 맞추어 그 현장을 자세히 파헤치게 된다.

그리고 그러한 일상생활의 '언어 게임'의 근본에서 이러한 '경첩 명제'를 도출해낸 것이다. 우리의 일상 언어활동의 근저에는 도저히 의심할 수 없는, 더는 거스를 수 없는 경첩이 있다는 사실을 깨달은 것이다. 그리고 그것을 '논리'라는 이름으로 불렀다.

그렇다면 이 '논리'와 젊은 시절의 '논리'는 어떻게 다를까. 우선 작용으로서는 닮았을지도 모른다. 전기의 '논리'는 세계의 가장 기저에 있는 '얼개'로서 세상을 떠받친다. 이 '얼개'가 없다면 세계는 성립하지 않는다.

반면, 만년의 '논리'는 온갖 세계의 기저에 있는 것이 아니다. 실제 세계와는 관련이 없는 순수하게 논리적인 '얼개'가 아닌 셈이다. 하지만 어떤 '언어 게임'('언어 공동체'라고도 말할 수 있으리라)의 가장 아래에 있는 것이다. 그것을 모두가 믿기에 공동체 전체 언어의 주고받음이 순조롭게 진행된다. '경첩'에 의해 문이 자유자재로 열리고 닫히듯. 그러므로 만약 그 '논리'를 모두가 의심하게 된다면 그 언어 게임은 성립하지 않게 된다.

역시 둘 다 세계와 공동체를 떠받치는 토대와 같은 것이

나_라는 세계의 발견

라는 점에서는 무척 닮았다고 할 수 있으리라. 그러나 큰 차이도 있다. 우선 전기의 '논리'는 뭔가 세계의 기저에 있는 것으로서 시대나 지역에 따라 달라지지 않는다. 어떤 장소에서도 언제라도 어떤 말을 쓰더라도 반드시 이 세계의 '얼개'가 되는 것이다. 에도시대든 유럽이든 여차하면 금성이든 M78 성운이든 상관없이 같은 얼개라는 말이 된다.

그러나 후기의 '논리'는 전혀 다르다. 살아 있는 시대나 장소에 따라서 또는 각각의 '생활 모습'(언어 게임)에 따라 각각의 '논리'가 있다. 그러므로 우리는 자신이 태어난 사회의 '논리'를 어린 시절부터 말과 함께 익혀가는 것이다. 그때, 의심하지 않고 믿는 것(믿음과 의심 이전의 받아들임)이 무의식적으로 이루어진다. 부모나 주변 어른들, 학교 선생들이 말하는 것이나 행동을 그대로 받아들여 따라함으로써 성장해가는 것이다.

이처럼 시간을 들여 경험하면서 습득해가는 것이 비트겐슈타인이 말하는 '경첩 명제'이자, 이 시기의 '논리'다. 자신의 이름(나는 나카무라 노보루다)이나 지구의 생성(지구는 페이전부터 존재했다)이나 인간 신체의 모습(나에게는 오른손이 있다) 등 결코 의심할 수 없는 지식을 자신의 의식 바닥에 지층처럼 쌓아가는 것이다. 그런 지층이 있기에 비로소 평소의 언어 게임, 일상적인 말의 주고받음이 가능해지는 것이다. 물론 의심하는 것도 이따금 가능해진다.

그리고 이 '논리'는 전기에 말한 '논리'와는 달리 공동체나 시대에 따라 변화한다. 이렇게 생각하면 비트겐슈타인은 젊은 시절에는 세계 전체의 '얼개'를 밖에서 생각했다. 이에 반해 후기에서 만년에 이르러서는 그것과는 정반대였다는 것을 알 수 있다. 곧 세계의 내부에 파고 들어가 세계의 모습을 안쪽에서, 심지어 경험 현장에서 떨어지지 않고 생각한 것이 아닐까.

026

종교와
비트겐슈타인

—

신을 통해
인간이 되다

'종교'란 무엇일까. 사람에 따라 그 인상은 각양각색이라고 생각한다. 기독교의 세계관에서는 '신'이 세상을 창조했다. 그리고 '신의 아들' 예수 그리스도가 인류를 구원하기 위해 와서 우리를 위해 희생양이 되었다. 그렇게 주장한다. 한편 불교는 어떨까. 삼라만상은 연기緣起라는 관계성에서 이루어진다. 이 진리를 터득하면 우리는 깨달음을 얻을 수 있다. 그 밖에도 이슬람교, 힌두교, 그 외 새로운 종교도 많이 있다.

하지만 비트겐슈타인의 종교에 관한 생각은 조금 달랐다. 종교란 조직(교회, 종파) 등을 만들어 교리를 설파하는 것이 아니라 더욱 실천적이고 행동에 직결된 것이라고 말한다. 제자인 드루리가 가톨릭 신부가 되고 싶다고 말했을 때, 그는 매주 성경을 인용하여 사람들 앞에서 이야기하는 직업은 진정한 의미에서 종교적이지 않으니 진정 사람들을 위하고 싶다면 의사가 되는 편이 좋다고 조언했다. 혹은 "나는 모든 문제를 종교적 입장에서 볼 수밖에 없다"고 비트겐슈타인은 말하기도 했다.

그리고 이것도 유명한 이야기인데, 제1차 세계대전에 참전했을 때 그는 톨스토이의 《요약 복음서》를 항상 가지고 다녔기에, 전우들에게서 '복음서를 지닌 남자'라고 불렸다. 이 책에는 톨스토이의 종교관이 반영되어 있다. 인생의 의의를 고민하되, 교회나 신학 기독교의 역사 등에는 전혀 관심을 갖지 않는 인간의 책이다. 그러한 책을 전장에서 한시도 떼어놓지 않은 남자가 비트겐슈타인이다. 이런 인물이야말로 진정으로 종교적인 인간이 아닐까? 그렇다면 이 철학자가 생각하는 '종교'란 어떤 것일까.

비트겐슈타인은 스물한 살 무렵, 한 연극 대사를 듣고 종교의 가능성에 눈을 떴다고 한다. 그 대사는 '**세계 안에서 무슨 일이 일어나든 나에게는 나쁜 일은 아무것도 일어나지 않는다**'였다. 그래서 그에게는 아무리 위험한 전장에 있어도, 그렇게 무시무시한 죄를 입어도, 더없이 괴로운 경험 속에 있어도 자신은 '절대적으로 안전'하다는 감각이야말로 종교의 원천이라는 것이다. 곧 어떤 때라도 영혼을 따르고 신과 함께 있다면 자신은 절대 괜찮다는 것이리라. 그러한 절대적 영역이야말로 종교의 원천이자 신이 기거하는 곳이라고 비트겐슈타인은 생각한 것이다.

한편 그러한 비트겐슈타인의 종교적 태도가 가장 확실히 드러나는 일기가 있다. 주변 사람들에게 '복음서를 지닌 남자'라고 불릴 때 쓴 일기다. 이《비밀 일기》는 극단적으로 표현하면 비트겐슈타인 자신에 의한 철학적 인체실험의 기록이라고 말할 수도 있다. 자세히 살펴보자.

비트겐슈타인은 어린 시절부터 계속 기술자이자 실천가였다. 군이 따지자면 이과 계열이었던 셈이다. 서재에서 철학을 연구할 때, 한번도 체계나 이론 같은 뜬구름 잡는 소리를 한 적이 없다. 언제나 일상적인 삶에서 출발하여 그곳에서 한 치도 떨어지지 않았다. 계속 현장에 있으면서 이곳에 있는 것을 엄격하게 장려했다고 할 수 있으리라.

이 일기는 그가 어떤 사태에 휘말리든 간에 이곳에 계속 있을 수 있는지, 자신의 몸을 이용하여 시험한 기록 같은 느낌이기 때문이다. 왜냐하면 비트겐슈타인은 자원하여 최전선에서 싸웠다. '육체'를 궁지에 몰아넣고(최전선에서 싸운 것) '영혼'만의 존재(이곳에서 평정한 상태로 있을 수 있는)가 되려 한 것이다. 비트겐슈타인이 종교의 핵심이라고 생각하는 '세계 안에서 무슨 일이 일어나든 나에게는 나쁜 일은 아무것도 일어나지 않는다'는 감각을 실천(=실전)에서 시험하려 한 것이다. 역시 이 철학자는 터무니없는 사람이다.

이 일기는 1914년부터 1916년에 걸쳐 제1차 세계대전에서 오스트리아군 동부전선 최전선에서 쓰였다. 비트겐슈타인이 25세부터 27세에 걸쳐 쓴 일기다. 노트를 펼치면 오른쪽 페이지에 철학적 사고를 적어나갔고 왼쪽 페이지에는 암호로 그 외의 다양한 감정이나 사건을 적어나갔다.

그 왼쪽 페이지가 이 '인체실험의 기록', 곧 일기 부분이다. 그곳에는 공적인 문장으로는 절대로 토로할 수 없는 이 철학자의 사적인 생각이나 신에 대한 기도가 강한 어조로 새겨져 있다.

여기에서는 《논리 철학 논고》의 내용이 지닌 수수께끼, 곧 첫 부분부터 논리학에 관하여 끝없이 이야기하는데, 갑자기 중간부터 인생이나 삶에 대한 형이상학적인 사상을 이야기하는 수수께끼를 무척 구체적으로 설명하고 있다. 무슨 소리냐고? 비트겐슈타인은 전장에서 《논리 철학 논고》를 이어서 썼는데, 이미 논리적인 것만을 계속 쓸 상태가 아니었다는 말이다.

곧 단순히 전장의 한복판에 있었던 것이 아니라(이것만으로도 엄청난 경험이지만) 비트겐슈타인이 있던 곳은 정말로 온몸이 꽁꽁 얼어붙는 죽음의 위기에 닥쳐 있는 전장이었다고 한다. (불과 석 달 전투에 100만 명에서 150만 명의 사상자가 나왔고, 그가 있던 보병사단의 생환율은 20퍼센트 정도였다고 한다.) 그렇기에 《논리 철학 논고》에 '6.4' 이후 갑자기 열정적으로 영혼과 죽음에 관한 단장斷章을 써나간 것이다. 막연한 공포가 아니라 바로 눈앞에 닥친 자신의 죽음(혹은 주변의 수많은 타인의 죽음)에 의해 《논리 철학 논고》 후반부에 예고 없이 나타나는, 숭고한 형이상학을 쓸 수밖에 없었던 것이리라.

이렇게 생각하면 기호 논리학 책인 《논리 철학 논고》 후반부는 고민하며 살아 있는 몸뚱이로서의 비트겐슈타인이 있었다고 할 수 있으리라. 온 몸과 온 마음으로 철학하는 고독한 인간, 죽음을 두려워하면서도 어쩔 수 없이 철학하게 되는 영혼이 있었다는 말이다. 이 일기에는 성욕, 증오, 전율, 기쁨이 있다. 비트겐슈타인의 내면이 숨김없이 쓰여 있는 것이다.

죽음이 코앞에 닥친 전장에서는 평화로운 일상과는 다른 진한 색채로 긴밀한 시간이 흘러간다. 한시도 마음 놓을 수 없는 아비규환으로 둘러싸인 일상 속에서 '일'(철학)이 잘 되는지 안 되는지, '영혼Geist'에 따르며, '신'과 함께하는지 아닌지를 비트겐슈타인은 가장 신경 쓰고 있다. 무척 진지한 인물상이 떠오른다. 철학에 정신이 팔린, 터무니없이 종교적인 인간이라고 할 수 있으리라.

이 20세기 최대의 철학자가 행한 '인체실험'은 마치 '말할 수 없는 영역'인 죽음에 최대한 접근하여, 그러나 '말할 수 있는 영역'인 삶의 측면에서 더 없이 공포에 전율하면서도 무모하게도 한 발 한 발 다가가는 듯하다. 자신의 육체와 영혼을 희생하여 철학의 실천('말할 수 있는' 측면에서의 '말할 수 없는' 영역을 명확히 나누는 작업)을 수행한 것이다. 비트겐슈타인은 종교의 원천인 '절대적인 영역'(자신은 절대적으로 안전하다)을 스스로 체험하는 것을 과감하게 시험한 것이리라.

이는 종교나 신에 관해서는 전혀 이야기하지 않고 공개적으로 출간한 저작이나 노트에서는 '언어 게임'이라는 복수의 사람들이 참가하는 장에만 초점을 맞춘 철학자의 자세와도 겹친다고 할 수 있을지 모르겠다. 후반의 《철학적 탐구》에서는 '사적 언어'는 철저하게 부정된다. '안쪽'이나 '사적인 것'은 완전히 가려진 것이다.

완전히 정곡을 찌르다면 비트겐슈타인은 오만 가지 혼란스럽고 황폐하고 미쳐가는 내면과 하루하루 대면했기 때문에 '사적'인 것을 그대로 공적으로 드러내는 것은 도저히 불가능하다고 생각했는지도 모른다. 그러므로 이 《비밀 일기》에서도 왼쪽 페이지는 암호로 써야겠다고 결심했는지도 모른다.

가령 비트겐슈타인은 이 일기에서 다음과 같이 썼다.

죽음의 가까움이 나의 생일 빛을 비춘다. 부디 신이 나를 비춰주기를! 나는 벌레다. 그러나 신을 통해 나는 인간이 된다. 신이 내 곁에 있기를. 아멘."

– 1916년 5월 4일

바로 이것이 비트겐슈타인의 종교다.

027

얼굴

—

'나'라는
동굴의 입구

우리는 우리만의 세계('단칸방')
안에 있고, 타인은 그 안에 있는 등장인물에 불과하다는 것
을 앞에서도 이야기했다. '나'와 '타인'은 그 모습이 완전히
다른 법이다. 물론 '타인'도 나와 비슷한 모습인 듯 보인다.
그러나 그것을 확인할 방법은 아쉽게도 없다. '타인'은 '나'
라는 유일무이한 세계의 등장인물에 지나지 않는다.

하지만 이 '나'라는 것은 그런 모습을 취하는 만큼, 무척
성가시게도 자기 자신의 모습을 확인할 수가 없다. 하나의
무대이자 하나의 세계의 얼개이기 때문이다. 게다가 나는 신
기하게도 언제나 앞면만을 향한다. 그렇게 세계라는 무대를
꾸미느라 아침부터 밤까지 분주하기 때문이다. 영화관의 스

크린에 영화 자체를 쏘는 영사기가 스크린 뒷면을 보는 것(뒷면에 빛을 쏘는 것)이 불가능하듯, 언제까지고 앞면만을 향하는 것이다.

그리고 그 전면의 무대에 아무리 봐도 나와 비슷한 존재가 있다는 사실을 깨닫는다. 그 무대에는 다양한 존재가 있고, 다양한 움직임을 보이는데, 그중에 나에게 말을 거는 존재자가 있다는 사실을 깨닫는다. 그것이 인간이다. 우리는 세계라는 무대를 항상 만들어나간다. 그 무대에서 삼라만상이 전개되는데, 그중에 자꾸만 나를 빤히 쳐다보며 말을 거는 존재, 곧 다른 인간이 있는 것이다. 고맙게도.

그리고 나도 점점 그 존재들이 사용하는 음성을 자연스럽게 (혹은 싫든 좋든) 습득하고, 그 존재들과 마찬가지 소리를 내고, 그 존재자들과 공동으로 생활한다(억지로 그렇게 되어버린다고 말하는 편이 좋을지도 모르겠다). 그런 존재들이 있음으로써 어떤 의미에서 나는 자기 자신의 모습을 비로소 확인할 수 있는 것이다. 그러므로 나는 무척 이상한 모습을 하고 있다고 할 수 있으리라. 나와 타인은 전혀 차원이 다른 격리된 모습을 하고 있다(자타의 비대칭). 그런데 동시에 나 자체의 모습을 가르쳐주는 것도 그 격리된 타인인 것이다.

자기 세계의 등장인물이 이쪽(나=세계)의 가장 밑바탕을 이루는 정보를 제공해준다. 무척 복잡하고 이상한 관계다.

타인이 없다면 자신의 모습을 확인할 수 없다. 이것은 말하고 보면 '자타의 상호보완성'(자신과 타인이 서로 보충하여 완전한 것)을 이루어 존재하는 것이라고도 할 수 있는 모습이다. 물론 타인이라는 존재는 나에게는 발붙일 곳조차 없는 심연이므로, 타인이 어떤 구조를 이루고 무엇을 생각하고 어떤 느낌인지 전혀 알 수가 없다. 그러므로 '상호'라는 말을 붙이는 것은 조금 내키지 않지만 아마도 그런 상호적인 모습을 할 것이라고 예상하여(타인 대부분과 지금까지 나눈 대화 등을 참고하여 예상했다), 자타의 상호보완성이라고 말해주고 싶은 것이다. 물론 확신을 가지고 말하는 것은 아니다.

그렇게 되면 요컨대 우리는 '자타의 비대칭성'이라는 근원적인 모습을 하고 있고(이는 나 안에서 확인 가능하다) 동시에 그것과는 완전히 모순되는 모습, 이른바 '자타의 상호보완성'이라는 모습도 가지고 있다는 말이 된다.

이러한 전혀 다른 두 모습으로 나와 타인은 관계를 맺는다. 이런 관계 속에 있는 타인을 '타자'라고 부르고자 한다.

왜 이렇게 부르고 싶냐면, 에마뉘엘 레비나스라는 철학자의 '타자'라는 개념을 참고했기 때문이다. 특히 《전체성과 무한》이라는 책에서 논의한 나에게서 절대적으로 격리된 '타자'('절대적 타자'라고 불린다)를 전제로 하여 이야기하고자 한다. 절대적으로 격리되어 있을 텐데 이러한 '절대적 타자'도 앞서 말한 '상호보완적인' 모습에서 보면 나를 물끄러미 바라본다. 그 존재가 어떤 존재인지는 전혀 알지 못하지만 나를 응시하는 것이다. 지구의 주민에게는 한쪽 면밖에 보여주지 않는 달(반대쪽은 절대로 알 수 없다)처럼 나에게 한쪽 면만을 보여주는 것이다. 그리고 응시(달빛)를 깨닫는다는 것은 나도 타자(달 표면)를 바라본다는 말이다. 요컨대 '타자'와 나는 서로 바라보고 응시하는 달과 지구인 셈이다. 그리고 이쪽을 바라보는 상대의 면은 '얼굴' 혹은 그곳에 떠오르는 '표정'이 될 것이다.

'얼굴'이 이쪽 면과 같은 것을 내면에 간직하기라도 한 듯한 '표정'으로 이쪽을 물끄러미 바라보는 것이다. 확실히 타인('타자')의 얼굴을 오랜 시간 물끄러미 바라보는(필연적으로 서로 바라보는) 것은 무척 긴장되는 이상한 경험이다. 어른이 되면 아무도 하지 않게 되고(싸움이나 연애 같은 특별한 경우는 별개지만) 보통은 무서워서 절대 하지 않는다. 이 서로 쳐다 보기는 무척 의미 있는 사건이라고 생각한다. 역시 얼굴과 얼굴, 눈과 눈이 장시간 서로 마주 보는 것은 매우 드문 사건이 자 유일무이한 상황이라고 할 수 있으리라. 우리가 특히 이 상황을 피하는 것도 어떠한 깊은 연유가 있다고 생각한다.

반대로 말하면 여기에 '자타의 상호보완성'이라는 모습의 본질이 공교롭게도 드러난다고 할 수 있을지도 모른다. '상 호보완'적인 모습을 평소에 우리가 은폐하고 있는 느낌이랄 까. 가장 중요한 것은 보통은 절대 건드리지 않는 법이다. 우 리의 근저에 있는 구조가 훤히 들여다보이면 일상생활이 어 려워지기 때문일까. 다만, 이는 또 다른 커다란 문제이므로 이 정도까지만 하기로 하자.

이제 레비나스적인 이야기는 거두고 다시 비트겐슈타인 으로 돌아가보자. 이런 경험에 관해 비트겐슈타인은 어떤 말을 했을까? 그는 이런 말을 했다.

얼굴은 몸의 영혼이다.
– 《반철학적 단장》 74쪽

그렇다. 역시 비트겐슈타인도 '얼굴'에 착안한 듯하다. 이 문장을 읽으면 비트겐슈타인도 얼굴의 독자적인 모습을 강조한다고 말할 수 있지 않을까. 하지만 무척 재미있는 이 철학자의 독특한 표현 방식이다.

'영혼'에 관해서는 앞에서도 말했지만 '영혼에 대한 태도'라는 말로 타자에 대한 무척 원론적인 말을 했다. 곧 그 타자가 우리와 완전히 같은 태도를 보인다면 그것이 안드로이드이든 고양이 모양 로봇이든 그 '타자'에 대해 나는 '영혼에 대한 태도'를 취한다라고 말한 것이다. 다만 그렇다고 해서 '영혼이 있다'고 말하는 것은 아니라고 덧붙인다.

이는 앞서 말한 '자타의 비대칭'으로 이어지는 생각이리라. 타인의 내면은 나는 결코 알 수 없다. 하지만 타인이 나와 다르지 않은 행동을 취한다면 그 사람이 영혼을 지니는지 아닌지는 별개로 하고 '영혼에 대한 태도'에 의해 그 사람과 어울리는 수밖에 없을 것이다. 진실이 어떻든 표면적으로 그 사람은 자신과 마찬가지 인간이므로 영혼에 대한 태도를 취할 수밖에 없다는 것이다.

그런 의미에서 '영혼'이라고 생각한다면 '얼굴'은 인간 몸을 이루는 일부다. 아무리 풍부한 표정을 짓고, 의미 깊은 메시지를 이쪽에 전하는 듯 보여도 '얼굴'은 물질로 이루어진 육체의 일부다. 하지만 물질이기는 하나 앞서 말한 '자타의 상호보완' 모습을 강하게 취한다면, 그 '얼굴 표정'에서 우리는 자기 자신의 모습을 유추할 수밖에 없다. 곧 '얼굴'은 자기라는 깊은 영역으로 이어지는 동굴의 입구와 같은 것이라고 말할 수 있으리라. 그 입구에서 '타자'라는 심연에서 얻은 정보(그리고 그것은 자기 자신에 관한 유일한 정보)를 받아들인다고 표현하면 좋을지도 모르겠다.

그러한 매우 독특한 존재 양상을 띠는 '얼굴'을 비트겐슈타인은 왜 '몸의 영혼'이라고 말한 것일까. 비트겐슈타인에 따르면 우리는 어디까지나 표정이나 행위처럼 지각할 수 있는 것으로만 정보를 받아들일 수 있다. 그렇게 되면 언어 게임에서 의사소통 가능성의 가장 중요한 장소는 그러한 표정이 나타나는 장소이자, 동시에 행위를 할 때도 그 행위의 사령탑인 뇌가 있는 머리의, 심지어 전면에 있는 '얼굴'이라고 말하고 싶어 한 것이 아닐까.

하지만 여기에서도 '얼굴과 표정에서 영혼이나 심정과 같은 정신적 영역으로의 방향'은 인정하지만 '영혼이나 심정에서 얼굴이나 표정으로의 방향'을 비트겐슈타인은 언급하지

나_라는 세계의 발견

않는다. 영혼의 존재 자체에 관해서는 절대 언급하지 않는 것이다. '영혼에 대한 태도'는 취하지만 '영혼의 존재'에 관해서는 잘 모르겠다는 말이다.

더욱이 비트겐슈타인은 다음과 같은 말도 한다.

인간의 몸은 인간 영혼의 최상의 그림이다.

– 《철학적 탐구》 2부 25

이 또한 비트겐슈타인의 독특한 표현이다. 하지만 이것은 '얼굴'과 '영혼'의 관계와 무척 닮은 표현이라고 생각한다. 비트겐슈타인은 인간의 몸짓이나 표정, 말 같은 공적인 영역에서만 출발한다. 그러므로 몸이나 얼굴을 확인할 수 있는 (지각할 수 있는) 장소에서만 근본적으로 논의한다. 만약 영혼이나 마음에 관해 다양하게 생각하고 싶은 경우라도 그것은 누구나 지각할 수 있는 '몸'과 '얼굴'을 공통의 기반으로서 그곳에서 생각한다. 그렇다고 한다면 '인간의 몸'이야말로 '인간의 영혼'을 가장 잘 드러내는 '그림'이라는 말이 되는 것이다. 영혼이라는 사적이고 내면 깊숙이 자리한 곳에서 출발할 수는 없고, 영혼의 존재를 인정할 수도 없기

('그에게는 영혼이 있다, 는 의견을 내가 지니는 것은 아니다') 때문이다. '인간의 몸'이야말로 영혼과 마음에 대해 생각하는 단 하나의 출발점이자, 유일무이한 장소이기 때문이다.

이러한 비트겐슈타인의 태도는 누구나 인식할 수 있다고는 말할 수 없는 '영혼'이나 '마음' 같은 것에 대한 무척 엄격하고 이해할 수 있는 태도라고도 할 수 있으리라. 공통의 인식이 불가능한 것에 관하여 각각 제멋대로 말한다 해도 어떤 것이 편견인지 어떤 발언이 올바른지 결국 누구도 알 수 없기 때문이다.

그러므로 확실히 나와 같은 몸짓이나 표정을 보이는 존재가 있다면('자타의 상호보완성'), 그 존재에 대해 나와 마찬가지로 영혼을 가지고 있는 인간에 대한 '태도'는 취하겠지만, 그러나 그 사람이 영혼을 지니는지까지는 성급하게 결론은 낼 수 없다는 것이다. 이는 **'말할 수 없는 것에 대해서는 침묵해야 한다'**는 비트겐슈타인의 잠언에서 오는 당연한 귀결일 것이다.

나_라는 세계의 발견

028

거짓말을
한다는 것

—

진실을 말하기에
가능한 것

—

　　　　　　　　　　　　　말의 가장 큰 특징은 무엇일까.
그것은 지금까지도 여러 번 언급했지만 말에는 독자적인 세
계가 있다는 것이 아닐까. 현실과는 떨어진 자율적인 세계
가 언어의 세계라고 할 수 있으리라. 가령 책을 좋아하는 사
람(활자 중독자)은 현실과는 떨어져서 얼마든지 책의 세계에
서 놀 수 있다. 그 책이 소설이든 시집이든 사상서든 혹은
현실 세계와 잇닿아 있는 논픽션이든, 그 책을 읽는 동안 현
실에서 일어나는 이 세계의 사건(현실)과는 다른 세계에 몰
두할 수 있다.

　　확실히 논픽션은 현실 세계를 바탕으로 쓰인 내용이므로
실제로 일어난 사건을 더욱 절감하게 만드는지도 모른다. 하

　　　　　　　　　　나_라는 세계의 발견

지만 그 책에 쓰여 있는 것은 일단 책에 쓰이면 정말로 일어난 현실과 같지 않게 된다. 현실은 그대로 현실이고, 책의 세계는 그대로 명백히 다른 책의 세계다. 문자를 통해 쓰인다는 것은 현실에서 딱 잘려나가 자율적인 언어 세계에 포섭되는 것이다. 어디까지나 그것은 언어의 세계다. 논픽션이든 추억담이든 상관이 없다. 현실과는 전혀 다른 언어에 의한 구축물인 것이다.

이렇듯 말은 무한히 가까운 독자적이고 다양한 세계를 계속 만들어나간다. 이는 물론 책만의 이야기는 아니다. 날마다 나누는 대화, 영화 속 대사, TV 쇼에 나오는 수다나 만담, 강연도 모두 말을 사용하는 한 현실과는 다른 것을 만들어내는 것이다. 이러한 시점에서 보면 말의 모습을 특징적으로 드러내는 현상은 '거짓말을 하는 것'이 아닐까. 왜냐하면 말은 애초에 거짓이기 때문이다.

현실이 진짜라고 한다면 말은 그것과는 전혀 다른 세계를 만들어내는 것이므로 철두철미하게 '새빨간 거짓말'이다. 소설가라는 직업은 누가 뭐라 해도 가장 장대하게 정밀한 거짓말을 하는 사람이 인기를 얻고 역사에도 남는다. 영화도 드라마도 그림책도 말에 의한 창작은 하나부터 열까지 처음에는 착실하게 거짓말을 하는 작업에서 시작되는 것이다.

　이러한 관점에서 생각하면 '사실대로 말해'라는 표현이나 '거짓말을 해서는 안 된다'는 규칙 등은 왠지 무척 속이 훤히 들여다보이는 것만 같다. 애초에 (현실에 밀착되었다는 의미에서의) 사실을 '말하는' 것은 불가능하고 '말하는' 것은 애초에 '거짓을 말하는 것'이기 때문이다.

　한편 존 랭쇼 오스틴의 '언어 행동론'이라는 사고가 있다. 매우 훌륭한 이론이라고 생각한다. 말을 사용한 우리의 영위는 일반적으로 그렇게 생각하듯이 뭔가를 기술하는 것이 아니라('기술주의적 오류') 하나의 행위라는 것이다. 무척 납득이 가는 독창적인 사고다.

　'안녕하세요'라는 인사는 무언가를 기술하는 것이 아니다. '결혼해주세요'라는 프러포즈나 결혼식장에서 말하는 '결혼합니다'라는 선언은 뭔가 다른 상황이고, 그것을 그대로 말로 옮기는(기술하는) 일이 아니다.

　오스틴에 따르면 이들 발화는 그때그때 이루어지는 하나의 행위다. 우리 말의 주고받음은 모든 언어에 의한 행위라는 것이다. 언어의 본질을 통째로 도려낸 이론이라고 할 수 있다. 언어 행위로는 비트겐슈타인의 언어 게임과도 일맥상

통하는, 무척 급진적인 사고방식이라고 생각한다.

이처럼 무척 훌륭한 이론인데, 다음과 같은 것도 지적한다. 그 점에서 문제를 발견한 사람이 있다. 무슨 얘기일까.

오스틴은 시 낭독이나 연극 대사 등 명백히 픽션이라 할 수 있는 언어 행위를, 통상적인 말의 주고받음의 주변적 현상('기생적 용법'이라고 불렀다)이라고 생각한 것이다. 우리는 날마다 언어 행위를 한다. 보통 의미에서(언어는 모두 거짓이라는 의미가 아니라) 거짓말을 하는 사람도 있고, 정직하게 살아가는 사람도 있다. 대부분 사람은 언제나 약속을 지키고 절대로 무책임한 말을 하지 않으려고 애쓰며 살아갈 것이다. 태어나 한 번도 거짓말을 하지 않은 사람은 없으리라고 생각하지만, 그것을 목표로 삼는 사람도 개중에는 있을 것이다. 우리의 세계에는 확실히 '거짓말을 한다'는 현상도 있지만 대체로는 진실을 말하면서 살아간다.

이러한 일상을 기반으로 오스틴은 시 낭독이나 연극 대사 등을 '기생적'이라고 말한 것이다. 어디까지나 진실을 말하는 것이 언어 행위의 중심을 이룬다는 것이다. 확실히 그런 측면은 있을 것이다. 일상적인 '거짓말'은 진실을 성실하게 말해야만 비로소 성립하므로. 대부분 사람이 진실을 말하기 때문에 거짓말도 가능한 것이다.

그러나 자크 데리다는 언어 행동의 이 부분을 비판했다. 데리다는 오스틴의 언어 행동론을 무척 높이 평가하면서도, 이 '기생적 용법'이라는 개념만은 철저히 비판했다. 곧 언어는 원래 현실에서 유리되어 '거짓말을 할 수 있다'는 가능성에야말로 그 본질이 있으므로, 진실을 말하는 것이 언어의 본질은 아니라는 것이다(데리다가 이런 과격한 표현을 하지는 않았지만 이런 방향이리라). 그러므로 오스틴은 언어의 본질을 잘못 보고 있다는 것이다.

데리다는 '반복反復 가능성répétabilité'과 '반복反覆 가능성itérabilité'[9]이라는 재미있는 두 가지 중첩된 개념을 제시한다(여기에서 '반복'은 원어도 다르고 의미도 다르다). 데리다에 따르면 언어의 본질은 '반복反覆(반복反復) 가능성'이라는 것이다. 이는 어떤 생각일까. 언어의 본질은 수많은 사람이 반복하는 것이 가능하다는 점에 있다고 데리다는 말한다. 언어는 '모두의 것이자 누구의 것도 아니므로' 같은 글자나 같

---

9. 전자의 '반복'은 '같은 일을 자꾸만 되풀이하는 것'을 가리키고 후자의 '반복'은 '이랬다저랬다 하며 자꾸 고치는 것'을 가리킨다.

은 소리가 무수한 사람에 의해 거듭 사용됨으로써(반복反復됨으로써) 성립한다는 것이다. 같은 말이 반복되어 수많은 사람에게 사용되는 것이야말로 언어의 본질이라는 것이다.

그리고 '반복反復'함으로써 같은 글자나 소리가 각각의 문맥에서 다른 의미를 띠기도 한다. 그때마다 다르게 사용되므로 당연히 의미나 그 내용은 계속 변형될 것이다. 그런 언어의 그때마다의 다른 모습을 데리다는 '반복反覆'이라고 말한다. 여러 가지로 그때마다 그 문맥에서 사용된 말의 의미나 내용이 '전복되기' 때문에 '반복反覆'인 것이다. 몇 번이고 거듭됨(반복反復)으로써 의미나 내용이 그때마다 바뀐다(반복反覆). 이러한 가능성을 지니는 것이야말로 언어의 본질이다. 그러므로 데리다는 언어의 본질을 '반복反復→반복反覆 가능성'이라고 부르는 것이다.

그렇다면 시 낭독이나 연극 대사 같은 것이야말로 언어의 본질을 나타내는 행위라고 할 수 있으리라. 왜냐하면 같은 글자(시, 대사)를 수많은 다른 사람이 다양한 장면에서 반복적으로 입에 담는 행위야말로 언어의 진실된 모습이기 때문이다. 그렇다면 이러한 시 낭독이나 연극 대사를 언어의 본질에서 떨어뜨린 주변적 행위('기생적 용법')라고 말하는 것은 명백히 언어의 진정한 모습을 잘못 보는 것이 된다. 언어 그 자체의 본질을 '기생적'이라고 말하기 때문에 방향이 완전히 정반대다.

이러한 데리다의 방향성은 비트겐슈타인의 사고와 가까운지도 모른다. 아무리 애써도 우리의 '언어 게임'은 말의 구체적인 주고받음, 그리고 표정과 몸짓으로만 판단할 수 있다. 우리는 누구나 지각하고 확인할 수 있는 것으로만 소통할 수밖에 없다. 언어라는 것은 본질적으로 '공적인 것'이며 사적 영역은 언급할 수 없다. 타인의 고통이나 타인의 사고는 무슨 수를 써도 알 수가 없다. '모두의 것이면서 누구의 것도 아닌' 언어는 누구나 확인할 수 있는 영역에만 존재한다. 그 영역이란 '언어 게임'의 영역이며 '반복反覆(반복反復) 가능성'이 성립하는 장소인 것이다.

따라서 거듭 말하면, 이 외부적이고 공적인 영역이야말로 '언어 게임'의 영역이며, 데리다가 말하는 '반복反覆(반복反復) 가능성'의 영역이라 할 수 있으리라. 비트겐슈타인이 '생각하지 말고, 보라'고 말하며 그때마다 문맥 속에서 말의 주고받음에 주목하는 것도 이러한 방향에 의한 것이라고 말할 수 있다고 생각한다. 사용된 말이 그 장소에서 어떻게 작용하는지에 따라 그때마다 말의 의미는 바뀌기 때문이다. 곧 '말의 의미는 그 사용'인 것이다.

029

데리다와
비트겐슈타인

—

언어의 본질을
논하다

데리다의 이름이 나온 김에 조
금 더 데리다에 관해 이야기해보자. 말의 의미에 관해 데리
다의 《목소리와 현상》이라는 책을 바탕으로 생각해보고자
한다. 이 《목소리와 현상》이라는 무척 재미있는 책(사실상 데
리다의 데뷔작이라고 할 수 있다)에서, 현상학의 시조인 에드문
트 후설을 비판한다. 우선 그 비판이 어떤 것인지 소개한다.

후설은 말의 의미에 관해 《논리 연구》에서 다음과 같이
말했다. 말의 의미는 우리가 실제로 발화하거나 구체적으
로 글자로 쓰지 않아도 그 순수한 상태(의미 그 자체)를 그
대로 자기 자신 안으로 받아들일 수 있다. 그리고 후설은
그 받아들일 때의 이쪽 모습을 '고독한 심적 생활einsames

Seelenleben[10]이라고 말한다. 곧 의미 자체는 순수한 상태이고 우리의 마음속에 존재한다는 것이다. 심지어 '고독한' 상태이므로 누구와도 이야기할 수 없는 상태로 자신의 마음속에 의미 자체가 존재한다(혹은 다가온다)는 것이다.

이것은 어떤 말일까. 가령 '책상'이라는 말의 의미를 생각해보자. 후설에 따르면 '책상'이라는 말의 의미는 순수한 상태로 한 사람 한 사람의 마음속에 있으므로 '책상'이라는 글자나 **책상**이라는 음성이 의미가 발생하는 장소에 존재할 필요는 없다. '책상' 'desk' 'bureau' 'Tisch'라는 말의 물질적 측면은 순수한 의미와는 상관이 없는 것이다. 갑자기 순수한 **책상**의 의미 자체가 우리의 고독한 마음속에 나타나는 것이다.

확실히 우리는 말의 의미가 말 자체의 물질적 측면(소리나 글자 등)과는 달리 어딘가에 존재한다고 생각하기 쉽다. 의미는 의미로서 이데아적인 (관념의) 영역에 있고, 그것을 물질인 글자나 소리로 표현한다고 생각해버린다. 그러므로 **책상** 자체의 순수한 의미가 각각의 언어에서 '机'(일본어) '책

---

10. 타자와 의사소통의 문을 닫은 채 이루어지는 내면적 의식 생활.

나_라는 세계의 발견

상'(한국어) 'desk'(영어) 'bureau'(프랑스어) 'Tisch'(독일어) 등과 같이 갈라져나간다고 생각해버린다. 이러한 상식적인 의미에 관한 생각을 후설은 그대로 소박하게 표현했다고도 할 수 있으리라. 순수한 의미가 우선 있고, 그 의미를 나타내는 말이 국가나 시대에 따라 달라진다고 생각하는 편이 명쾌하다. 언뜻 무척 자연스러운 사고처럼 보인다.

이 의미론을 데리다는 비판했다. 데리다는 말의 본질적인 특징은 앞서 말했듯 '반복反覆(반복反復) 가능성'이라고 생각했다. 구체적인 글자나 소리 없이 순수한 의미만이 어딘가에 있다는 것은 불가능하다. 우선은 누구나 '반복反復=반복反覆할 수 있는' 물질적인 대상이 있어야만 한다. 그것이 언어 작용의 출발점인 것이다.

데리다가 말하는 '에크리튀르écriture'(씌어진 것, 쓴 말)라는 개념은 이것을 의미한다. 곧 '파롤parole'(발화된 말)이 아니라 '에크리튀르'야말로 언어의 본질이다. 왜냐하면 '파롤'은 금세 사라져서 없어지지만 '에크리튀르'는 계속 남기 때문이다. 그러므로 쓰거나 말하는 것이 문제가 아니라 누구나 확인할 수 있는 흔적이 남는다는 의미에서 '씌어진 것, 쓴 말'(에크리튀르)이 언어의 성질을 더욱 잘 드러낸다고 데리다는 말하는 것이다. '쓴 말'은 흔적으로 남는 한 누구나 볼 수 있고, 그것에 관하여 자기 나름대로 의미를 받아들이거나 의미를 부여할 수 있다. 곧 금세 사라지고 마는 '파롤'과는 다르게 '에크리튀르'는 모든 사람에게 열려 있는 셈이다.

가령 후설이 말한 것처럼 '순수한 의미 그 자체'를 우리는 떠올릴 수 있을까. '순수 무균 상태'인 말의 의미를 발견할 수 있을까. 가령 '책상'이라는 말의 의미를 '책상'이라는 글자나 '책상'이라는 소리와는 별개로 떠올려보라. 글자와 소리라는 구체적인 것을 단서로 삼지 않고 ('책상'의 순수 의미)를 머릿속에 떠올릴 수 있는가? 적어도 나는 절대 불가능하다. 아무리 훈련해도 그것은 도저히 불가능할 것 같다. '책상'의 의미에 도달하기 위해서는 역시 단서로서 '책상'이라는 말(글자와 소리)이 꼭 필요하다.

페르디낭 드 소쉬르는 언어의 의미를 설명할 때 '시니피앙signifiant'과 '시니피에signifié'라는 말을 사용했다. 이는 프랑스어 동사 '시니피에signifier'(의미하다)의 현재분사와 과거분사다. 이 두 개가 동전의 앞면과 뒷면처럼 분리할 수 없는 형태로 의미(기호)를 구성하는 것이다. 이때의 '시니피앙'이 기호의 물질적 측면이고, '시니피에'가 기호의 의미 그 자체의 측면이다. 곧 '책상'으로 말한다면 '책상'이라는 글자와 소리가 '시니피앙'이고 '시니피에'가 그 의미라는 것이다. 그러나 소쉬르는 이 두 측면은 결코 따로 떼어놓을 수 없다고 말했다. 동전의 양면인 것이다. 곧 '시니피앙'이 없다면 '시니피에'도 없다. '책상'이라는 글자와 소리가 없다면 그 의미도 존재하지 않는 것이다.

그러나 후설은 순수한 의미 그 자체가 글자나 소리 등의 물질적 측면이 없어도 존재한다고 생각했다. 무균의 이상理想 의미('이상 기체' 같은 의미)가 혼자만 마음의 밑바닥에 존재한다고 생각한 것이다. 데리다는 이것을 파고들었다. 그리고 이 데리다의 비판은 비트겐슈타인의 '사적 언어 비판'과 방향성이 무척 닮았다. 잠시 비교해보자.

사적 언어란 그 사람만이 느끼는 상태를 그 사람만이 아는 언어로 표현하는 것이다. 그 사람만의 특별한 감각이나 그 사람만이 단 한 번 느낀 감정을 말로 표현하는 것이다. 아무도 이해할 수 없는 말, 자신만이 아는 말, 그것이 '사적 언어'다. 그러나 비트겐슈타인에 따르면 이 말은 언어가 지니는 본질과 근본부터 다르다(모순된다).

왜냐하면 언어는 철두철미하게 공공의 것이자, 여러 사람

221

이 주고받는 것이기 때문이다. 그리고 그것을 위해 '물질적인 것'을 이용한다. 한 사람에게만 이용되는 것은 애초에 언어가 아니다. 언어라고 부르려면, 적어도 그 성질 때문에 '사적'(나만의)이라는 형용구는 절대로 붙을 수 없다. 언어 활동은 여러 사람에 의해 소리나 글자라는 지각 가능한 '물질적인 것'을 사용하여 벌어지는 게임이다. 그러므로 '언어 게임'이라고 표현한 것이리라.

앞에서도 이야기했듯이 말은 '모두의 것이자 누구의 것도 아니다'. 그러므로 유일무이한 사적인 감각만을 드러내는 말은 말 이전의 것이다. '뜨겁다'는 형용사는 누구에게든 '뜨거운' 것이지 어떤 특정한 사람만의 뜨거운 감각을 나타내는 것이 아니다. 같은 모어를 사용하는 사람에게 똑같이 '뜨거운' 것이다. 사적으로 '뜨거운' 것이 아니라, 공적으로 '뜨거운' 것이다. 물론 한 사람 한 사람은 사적으로 뜨거운 감각을 지니고 있으리라. 그리고 그것을 '뜨겁다'고 표현할 것이다. 그러나 자기만의 사적인 감각을 한 번 '뜨겁다'고 입 밖으로 꺼내면 그 소리를 들은 다른 사람은 그 '뜨겁다'고 말한 사람만의 사적 감각이 아니라 자기 자신의 '뜨겁다'와 마찬가지라고 받아들일 것이다. 그리고 그 '뜨겁다'는 순식간에 누구의 것도 아닌 모두의 것인 '뜨겁다'가 된다. 공공화되는 것이다.

이렇게 생각하면 말이라는 것은 사적인 영역에서 출발하는 것이 아니라 입 밖으로 꺼내어(글자로 써서), 곧 수많은 다른 사람들이 듣는(읽는) 영역(이른바 '언어 게임'의 장)에서 출발하며, 그곳에서 비로소 의미를 지닌다고 할 수 있으리라. 말을 실제로 사용함으로써 결과적으로 그 장에서의 의미를 지닌다. 언어 자체에 처음부터 순수한 의미가 있는 것이 아니라는 것이다.

이러한 '사적 언어' 비판은 그야말로 데리다가 말하는 '반복反復＝반복反覆 가능성'과 동전의 양면을 이루는 듯하다. '사적 언어'의 뒷면에는 '반복反復＝반복反覆 가능성'이 달라붙어 있다. 둘 모두 언어의 본질을 훌륭히 표현한 논의이자 개념이 아닐까.

030

하이데거

—

언어의 한계를 향해
돌진하는 충돌

비트겐슈타인이 마르틴 하이데거에 관해 양가적 입장을 취한 것은 무척 유명한 일화다. 1929년 12월 30일에 빈 학파의 슐리크 저택에서 관련한 화제가 등장했다. 잠시 인용해보겠다.

나는 하이데거가 존재와 불안에 관해 생각하는 것을 충분히 생각할 수 있다. 인간은 언어의 한계를 향해 돌진하는 충동을 지닌다. 가령 어떤 것이 존재한다는 놀라움에 관해 생각해보자. 이 놀라움은 질문 형태로 표현할 수 없다. 그리고 답은 전혀 존재하지 않는다. 우리가 설사 무언가를 말한다 해도 그것은 모두 선험적으로 그저 무의미한 것뿐일 수 있다. 그런데도 우리는 언어의 한계를 향해 돌진하는 것이다.

— 《비트겐슈타인 전집 5》 97쪽

무척 신기한 표현 아닌가? 그리고 하이데거는 20세기 최대의 철학자라고 불리며 태어난 해가 비트겐슈타인과 같은 1889년(참고로 히틀러와 채플린도 같은 해에 태어났다)이다. 말만 같은 철학자일 뿐, 활약한 분야나 장소가 전혀 다르다. 아니, 정반대라 해도 좋다. 하이데거는 독일 출생이고 플라톤 이후 전통적 서양철학의 중심에서 큰 영향력을 발휘했다. 칸트, 헤겔 등 대륙계 서양철학의 정통적인 계승자라 할 수 있다.

반면 비트겐슈타인은 오스트리아 빈에서 태어났기에 대륙 출신이지만, 훗날 활약한 곳은 그곳이 아니다. 하이데거를 향한 발언도 빈에서 결성된 학파('빈 학파')의 젊은 철학자들을 상대로 한 것이지만 훗날 지대한 영향을 미친 것은 영국과 미국의 철학계였다. 비트겐슈타인은 이른바 영미계 분석철학이라는 새로운 철학 조류에서 중심적 존재였다. 20세기 들어 생겨난 이 흐름은 눈 깜짝할 사이에 서양철학을 양분하는 거대한 철학 운동 중 하나가 되었다. 이 분석철학

나_라는 세계의 발견

이라는 철학 운동 속 다른 두 흐름(논리학적인 것과 일상 언어를 주제로 하는 두 가지 학파) 모두에 커다란 영향을 준 이가 바로 비트겐슈타인이다.

이 두 동갑내기 철학자는 서로 전혀 섞이지 않고 다른 철학 조류 안에서 커다란 존재로서 일생을 마쳤다.

그러나 비트겐슈타인은 딱 한 번 하이데거에 관해 언급한다. 심지어 무척 솔직한 견해를 토로한다. 그것이 바로 앞서 소개한 문장이다. 비트겐슈타인은 다른 분석철학자와는 달리 하이데거 철학을 일방적으로 부정하지 않고, 충분히 그렇게 생각할 수 있다고 말한다. 이는 매우 놀라운 발언이다. 왜냐하면 이 대화의 상대인 빈 학파의 젊은이들(자연과학 출신자가 많다)에게 하이데거는 가장 피해야 할 대상이었다. 기존 전통 철학이 가지고 있는 나쁜 방법(아무런 구체적인 근거도 없는 사고)을 구사하는 대표 격이었으니까. '존재'나 '시간' 같은 문제에 관해 과학적으로 검증할 수 없는 것을 그저 배설하는 철학자라고 비판받았기 때문이다.

그러나 비트겐슈타인은 최대의 적이어야 할 하이데거에게 공감할 수 있다고 말한다. 하이데거를 부정하고자 하는 빈 학파 사람들은 적잖이 놀랐을 것이다. 그렇다면 비트겐슈타인은 하이데거의 어떤 점에 공감했고 어떤 점에 비판적이었을까.

《존재와 시간》을 비롯한 하이데거의 저작에는 '존재' '현존재' '세계 내 존재' '불안' '죽음에 임하는 존재' '존재 가능' '선구적 결의성' 같은 용어가 많이 나온다. 처음에는 무슨 말을 하는지 모르지만, 참을성 있게 읽어나가다 보면 확실히 우리의 모습(존재)이 일상적인 생활도 포함하여 실로 상세하게 논의되어 있다는 것을 깨닫는다. 인간의 모습이나 존재, 시간에 관하여 아주 미세한 것까지 공들여 분석하고 있다.

다만 역시 의문으로 남는 것은 이해하고 나면 그다지 난해한 말을 하는 것이 아닌데 왜 이렇게까지 알기 힘든 용어로 설명하는가 하는 것이다. 그리고 이야기의 줄기는 알겠으나, 그 어디에도 증거나 구체적인 근거 등은 제시되지 않는다는 점이다. 더욱이 '존재'나 '시간성' 등 심오한 의미를 지닌 듯한 말을 아무런 설명도 하지 않고(나름대로 설명은 했지만 그렇게까지 설득력 있지 않다), 애초에 왜 쓰려고 하는 것일까(이것은 어디까지나 개인적인 감상이다).

가령 비슷한 주제(시간론)를 다루는 앙리 베르그송과 비

나_라는 세계의 발견

교해보면 그 특징은 자연히 알 수 있다고 생각한다. 베르그송도 하이데거와 마찬가지로 '철학자'라고 불렸지만 이 두 사람은 꽤 다른 장르였다고 나는 생각한다. 베르그송은 가령 시간에 관해 논할 때 그 당시의 자연과학(심리학, 생리학, 물리학 등)이나 그 외 다른 학문을 자기 나름대로 잘 소화한 후, 그 최첨단의 견지를 바탕으로 자신의 철학적 사고를 제시한다.

베르그송의 《의식에 직접 주어진 것에 관한 시론》, 《물질과 기억》, 《지속과 동시성》 등 모두 그렇게 쓰였다. 준비 시간(그 주제를 논하는 데 필요한 자연과학적 지식의 습득)을 꽤 많이 들여서 쓴 것이다. 그러므로 오히려 당시에 자연과학이 도달한 지점에 제한당한다는 결점도 있었으리라. 또한 무척 구체적으로 논했기 때문에 베르그송이 제시한 이론(가설)이 맞는지 틀린지 확실히 알 수 있다는 이점도 있다. 과학철학자인 칼 포퍼가 말한 '반증 가능성'(그 가설이 맞는지 틀린지 검증할 수 있는 성질)을 충분히 갖추고 있다는 것이다. 베르그송 자신의 이론을 후세 사람들이 거부할 수 있을 정도로 확실히 근거나 증거를 제시하여 논의하고 있다.

이처럼 베르그송과 비교하면 하이데거의 철학적 영위가

어떤 성질의 것인지 잘 알 수 있으리라. 확실히 장대하고 정밀하며 의미 깊은 체계를 구축하고는 있다. 그러나 아쉽게도 반증할 수 있는 논증을 하지는 않는다. 그것을 빈 학파 사람들은 참을 수 없었으리라.

그렇다면 그런 하이데거 철학에 대한 비트겐슈타인의 태도를 살펴보자. 하이데거에게 공감할 수 있다는 비트겐슈타인의 진의는 어떤 것일까. 왜 하이데거가 생각하는 것을 자신도 충분해 생각할 수 있다고 말한 것일까.

그 이유는 인간의 성질이 아무래도 하이데거와 같은 사고에 이끌린다고 생각하기 때문이다. 인간이 '언어의 한계를 향해 돌진하는 충동'을 지니고 있으므로 하이데거와 같은 철학이 태어나는 것이다. 우리는 정말로 신기하게도 왠지 모르게 '언어'라는 것을 가지고 있다. 그저 외계의 소리(잡음)에 지나지 않는 것을 이용하여(발성 기관을 사용하여) 인간끼리 의사소통 등의 수단으로 삼는다. 그리고 몇 번이나 확인했듯이 이 외계의 소리에 의해 만들어진 언어는 인간이 지니는 심적 내용과는 전혀 다른 것(물질적인 것)이다. 따라서 인간 내부의 사건(사고나 감정)과는 완전히 괴리되어 있다. 그리고 이 외부적인 것(언어)은 그 자신의 사정으로 체

나_라는 세계의 발견

계를 만들고 독자적으로 움직이며 작용한다.

확실히 인간이 말을 쓸 때 자기 자신의 발성 기관을 통해 말하거나 펜을 사용하여 글자를 쓰거나 하지만 자신의 생각이나 심정이 그대로 언어화되는 것은 아니다. 거듭 이야기하지만 언어는 인간의 내면과는 관련이 없다. 그러므로 이따금 이 '별개의 것'(언어)에 우리는 속아 넘어가기도 한다고 비트겐슈타인은 말한다. 언어는 우리의 감정이나 심정과 관계가 없는데 관계가 있는 척을 하는 것이다.

그렇다면 '언어의 한계'란 무엇일까. 언어는 언어만으로 자율적인 체계를 이룬다. 그것만으로 이른바 완결되어 있다. 언어에는 언어의 사정이 있다. 가령 극단적인 예지만 자동차는 자동차로서 자율적이고 그것만으로 완결을 이룬다. 매우 복잡한 구조를 지녔지만 환경에서는 독립되어 자율적인 체계를 이루고 있다. 물론 운전하는 인간이나 휘발유 등 외부적인 것도 필요하지만 그런 외부적인 것이 관여하면 자동차는 자유자재로 움직이고 어디로든 갈 수 있다. 우리가 사용하는 언어도 이것과 무척 닮았다고 할 수 있으리라. 인간이 사용함으로써 비로소 언어도 자유자재로 움직임을 시작하기 때문이다.

그러나 아무리 자동차가 자율적이라도 자동차가 스스로 음식을 만들 수는 없고 계산을 할 수도 없다. 왜냐하면 음식을 만들거나 계산을 하는 것은 전혀 용도가 다르기 때문이다.

언어도 이 자동차의 예를 적용해볼 수 있다. 확실히 언어는 수많은 것을 해낸다. 용건을 말하고 그것을 수행하게 만든다. 수업에서 목소리를 내어 수많은 사람에게 지식을 전달할 수 있다. 책 속에 (문자로) 적혀 있음으로써 다양한 정보를 온 세계에 전할 수 있다. 우리 인류가 영위하는 광범위한 중요 부분을 커버할 수 있다.

그러나 그렇다고 해서 100퍼센트 모든 것을 표현하거나 해석할 수는 없다. 자동차가 섬세한 재봉을 하거나 요리를 만들 수 없는 것처럼 언어에도 한계가 있다. 그것은 어떤 한계일까.

결론부터 먼저 말하면 우리의 존재에 깊이 관여하는 절대적인 것을 표현할 수는 없다는 한계다. 예를 들어 비트겐슈타인은 '어떤 것이 존재하는 것에 대한 놀라움'이라는 예를 들었다. 우리는 존재하고 있다. 우리뿐만 아니라 삼라만상이 존재하고 있다. 이는 대체 무슨 일일까. 이것은 어떤 상

나_라는 세계의 발견

태일까. '어떤 것이 존재한다'는 터무니없는 사태는 놀라울 만한 일이라는 것이다. 하이데거와도 관계 깊은 '존재란 무엇인가'라는 질문과 일맥상통한다.

그러나 비트겐슈타인은이 '존재란 무엇인가'라는 물음을, 곧 우리의 근원적 놀라움으로부터 터져 나오는 물음을, 전혀 무의미한 물음이라고 말한다. 답이 있을 리가 없는 무의미한 물음인 것이다. '모두 선험적으로 그저 무의미'(경험과는 상관없이 애초에 무의미)한 것이다. 이 물음은 절대적 영역에 관한 물음이므로, 말에 의한 사고로는 해결할 수 없는 것이다.

말은 비교하거나 부정함으로써 표현한다. 가령 '산'이라는 말을 사용할 때 우리는 그 반대인 '산이 아니다'를 금세 생각한다. '산'이라는 말이 올바르게 기능한다는 것은 그 반대도 이미 포함하고 있기 때문이다. '산'이라는 말은 '산이 아닌 것'과 비교함으로써 의미를 지닌다. 모든 말은 이러한 성질을 지니고 있으므로 그 반대말(부정된 것)을 상상할 수 없는 것은 언어를 통해서는 표현할 수 없고 아무런 의미도 지니지 않는다. 모든 말은 그 말을 부정하는 말이 존재함으로써 의미를 지닌다.

비트겐슈타인이 말하고자 하는 것은, 이러한 언어의 본질적인 특징에서 생각하면 하이데거 철학은 수많은 무의미한 물음에서 성립된다는 사실이리라. '존재'라는 말을 생각해보자. 이 세계는 '존재'로 흘러넘친다. '존재' 이외에는 그야말로 존재하지 않는다. 그런데 '존재란 무엇인가'라는 물음을 제시한 것은 명백히 이상하다. '존재'라는 말의 부정인 상태가 어디에도 없는데 '존재란 무엇인가'라는 질문을 던져도, 애초에 답이 안 나오는 것은 분명히 알고 있다. 이 경우에 '존재'에는 의미가 없다. 존재에 대해 그저 놀라는 것밖에 우리는 할 수 없는 것이다.

다른 표현을 하면 이 '존재'라는 말은 절대적인 영역을 가리킨다. 이 세계의 온갖 것은 두말할 필요 없이 '존재하고 있'으므로 '존재'는 우리가 손댈 수 없는 절대적 영역이다. 논의할 방법이 없는 것이다. '존재한다, 이상.' 이런 느낌이랄까. 이에 반해 언어는 상대적인 도구다. 방금 설명했듯이 반드시 비교나 부정이 말의 뒷면에 달라붙어 있다. '산'이라고 말하면 '산이 아닌 것' 가령 '강' '언덕' '평야' 등이 얼마든지 그 배경에는 존재한다. 그렇기에 '산'이라는 말은 의미를 지니는 것이다. 그러나 '존재'는 그렇지 않다. 그 반대어는

'무'일까. 그러나 이 세계 어디를 찾아도 '무'는 없다. 그렇게 되면 '존재'라는 말을 이 세계에서는 쓸 수 없게 되어버린다. 세계의 바깥쪽에 서지 않으면 '존재와 무'라는 상대적 대립은 의미를 지니지 않기 때문이다.

그러므로 비트겐슈타인은 하이데거가 제시한 물음을 '선험적으로 그저 무의미'하다고 말하는 것이다. 하이데거 철학은 이 물음을 바탕에 깔고 있으므로 결국은 무의미한 철학이라고 말하고 싶은 것이다. 그러나 놀랍게도 비트겐슈타인에 따르면 이 정도는 무의미한 영위를 하는 하이데거에게 그래도 공감한다고 말한다. 이것은 대체 어떤 것일까.

'우리는 언어의 한계를 향해 돌진하는 충동을 지니고 있다.' 그것이 절대적으로 무의미하다는 것을 알고 있어도 그렇게 할 수밖에 없는 충동을 지니고 있다. 이것은 절대 부정할 수 없다. 절대적 영역(존재)에 대해, 상대적 도구(언어)를 통한 공격을 시도한다. 우리 인간은 질 거라는 사실을 알고 있어도 돌진할 수밖에 없는 것이다. 비트겐슈타인은 바로 이 말을 하는 것이다.

존재에 대한 놀라움, 이 놀라움은 터무니없는 것이자 절대적인 것이다. 비트겐슈타인도 이 놀라움에 집어삼켜졌다.

다만 그렇다고 해서 그것을 언어의 영역에 이입하여 '존재란 무엇인가'라는 질문을 하더라도 그 어떤 답도 우리는 얻을 수가 없다. 전혀 대답할 수 없는 난센스 언어화를 한 것일 뿐이라고 비트겐슈타인은 말한다. 그러나 이것은 인간이 언어를 지니고 그 언어의 한계에 돌진해버리는 충동을 지니는 한 어쩔 수 없는 것이며 어떤 의미에서 무척 귀중한 것이다. 어떤 의미에서 절대 바뀌지 않는 인간의 근원적 태도라고 비트겐슈타인은 말하고 싶어 한 것이 아닐까.

나_라는 세계의 발견

031

프로이트의
제자

—

꿈과 언어의
유사성

비트겐슈타인은 1940년대에 케임브리지대학 강의에서 지그문트 프로이트에 관해 말했다. 비트겐슈타인은 그 강의에서 자신을 '프로이트의 제자' '프로이트의 추종자'라고 말했다고 한다. 제자이자 친구이기도 한 리스의 기록이다. 이는 어떤 의미일까.

당연히 비트겐슈타인이 프로이트의 정신분석을 전면적으로 받아들인 것은 아니다. 오히려 매우 비판한다. 그것도 철저하게. 그런데 왜 '프로이트의 제자'를 자처한 것일까. 마지막으로 프로이트와 비트겐슈타인의 관계를 생각해보고자 한다.

프로이트는 무의식이라는 영역에 착안한다. 무의식이란

나_라는 세계의 발견

우리가 의식하지 않는 영역이다. 그러나 프로이트에 따르면 우리가 알 수 없는 그 무의식의 영역이 실은 의식적인 생활에 큰 영향을 미친다는 것이다. 그리고 그러한 무의식이 다양한 모습으로 나타나는 것이 꿈이라는 현상이라고 한다. 따라서 꿈을 제대로 해석하면 자신의 무의식을 정확히 해석할 수 있다고 말한다.

그러나 애초에 이러한 생각은 비트겐슈타인의 방법과는 정반대가 아닐까. 비트겐슈타인은 누구나 지각할 수 있고 확인할 수 있는 '언어 게임'이라는 공공의 장을 주요한 논의의 장으로 삼았으니 말이다. 비트겐슈타인은 다음과 같이 말한다.

"어떻게 문장은 표현하는 일을 하는가?"라고 묻는다면 답은 이런 것이 아닐까. "모르겠는가? 자신이 문장을 이용할 때라면 그것이 보일 것이다." 분명 아무것도 감추고 있지 않으므로.

어떻게 문장은 표현이라는 일을 해내는가? 모르겠는가? 분명 아무것도 감추고 있지 않으므로.

– 《철학적 탐구》 435

여기에서 비트겐슈타인의 특징적인 방법론이 확실히 드러난다. 우리가 한 문장을 입 밖으로 말할 때 그 장소에 있는 사람이 그것에 대응한다고 치자. 이러한 현실의 사태를 눈으로 본다면, 첫 문장에 포함된 의미(정보)를 상대방이 받아들이고 그것을 이해하여 어떤 반응을 보였다, 라고 생각해버린다. 곧 실제로 일어나는 사태의 뒷면에 어떤 요소나 구조가 있고, 그 배경에 의해 우리가 보는 사건이 일어난다고 생각하는 것이다. 우리는 무심코 '보기'만 하는 것이 아니라 '생각하'는 것이다. 그러한 우리의 습관적인 방법을 비트겐슈타인은 지적하고 비판한다. 그러한 '의미'나 '의사意思' 등은 실제로 확인할 수 있는 현장에서 꺼내어 추리할 뿐이라는 것이다. 그런 것을 전제로 논의해야 한다고 비트겐슈타인은 말한다.

숨겨져 있는 것은 아무것도 없다. 모든 것은 눈앞에 펼쳐져 있다. 이처럼 비트겐슈타인 철학의 본질을 생각하면 프로이트의 '무의식'이라는 개념은 애초에 부정당해야만 하지 않을까. 우리가 의식하고 있는 이 현실 뒤편에 '무의식'인 것이 존재한다는 말이므로. 그런데 왜 '프로이트의 제자'일까. 우선 비트겐슈타인이 프로이트를 어떻게 비판하는지 살펴보자. 그는 이렇게 말한다.

프로이트의 꿈 이론. 그가 말하고자 하는 것이 무엇이든 간에 꿈속에서 일어나는 것은 어떤 욕망과 연결된 것이 나타난다는 것인데 그것을 분석이 폭로할 수 있다는 것이다. 그러나 이 자유연상의 절차는 기묘하다. 왜냐하면 프로이트는 우리가 어디에서 멈춰야 하는지(어디에 올바른 해결이 있는지)를 어떻게 아는지 한 번도 제시하지 않았기 때문이다.

– 《비트겐슈타인 전집 10》 210쪽

비트겐슈타인은 프로이트의 꿈에 관한 이론에는 그 분석 절차 어디에도 기준이 드러나지 않는다고 지적한다. 《꿈의 해석》에서 프로이트가 분석하는 것에 통일된 근거 따위가 전혀 존재하지 않는다는 것이다. 이는 수많은 사람이 지적해온 것이며 앞서 소개한 칼 포퍼의 '반증 가능성'도 이 점을 비판한 것이다. 모든 사례에 통용되는 '올바른 해결'이 제시되지 않는다면 이론이라고 할 수 없기 때문이다. 어떤 해결이 자의적恣意的인 것이라면 그 해결을 반증할 수는 없다. 반증할 수 있으려면 그 해석을 떠받치는 근거가 있어야만 한다.

그러면 그 근거를 틀렸다고 지적할 가능성도 나오는 것이다.

이러한 시각에서 비트겐슈타인은 정신분석에 관해 다음과 같이 결론 내렸다.

인간은 자기 자신에 관한 일종의 면모를 이런 종류의 자유연상으로 발견할 수 있을지도 모른다. 그러나 그것은 왜 그 꿈이 발생했는지 설명해주지는 않는다.

프로이트는 이런 것들을 연관지으며 다양한 고대 신화를 언급하고, 자신의 연구는 그런 종류의 신화가 연상된다든가, 그런 종류의 신화가 만들어지거나 떠올려지는 과정을 설명한다고 주장한다.

그러나 실제로 프로이트는 그것과는 반대 행위를 했다. 그는 고대 신화를 과학적으로 설명하지 않았다. 그가 한 일은 새로운 신화를 제시하는 것이었다.

– 《비트겐슈타인 전집 10》 223쪽

프로이트는 고대 신화를 언급하며 자신의 이론과 관련지으려 했다. 그러나 비트겐슈타인은 그것은 아무런 의미도 없다고 말한다. 과학적이라고 할 수 있는 설명은 전혀 하지 않는다는 것이다. 프로이트는 오히려 고대 신화와 마찬가지인 '새로운 신화'를 만들었다는 것이다. 비트겐슈타인에게 정신분석을 제창하는 '이론'은 과학적인 것이 아니라 하나의 '신화'에 지나지 않는 것이다.

게다가 이 '신화'는 무해한 것이 아니라 무척 위험한 것이기도 하다. 비트겐슈타인은 다음과 같이 말한다.

분석은 해를 끼치기 쉽다. 왜냐하면 그 과정에서 인간은 자기 자신에 관해 다양한 것을 발견할 테지만, 제시되고 혹은 강요된 해당 신화를 인정하고 그것을 꿰뚫어보기 위해서는 매우 강력하고 예민하며 완고한 비판력을 지녀야 하기 때문이다. '당연하지, 물론이야, 틀림없이 그럴 거야'라고 말하고 싶어지는 원인이 있는 것이다. 강력한 신화다.

– 《비트겐슈타인 전집 10》 224쪽

정신분석에 대해 비트겐슈타인이 매우 비판적이라는 사실을 엿볼 수 있다. 그러나 이렇듯 비판하면서도 자기 자신을 '프로이트의 제자' '프로이트의 추종자'라고 말한 이유는 무엇일까.

우선 비트겐슈타인이 꿈과 언어가 닮았다고 말하는 것이

힌트가 될 것이다. 그는 다음과 같이 말한다.

여기에서 우리는 꿈을 꾸는 것이 무엇인지 생각하는 하나의 방법인
지, 그것이 애초에 언어인지 질문해도 좋다.
명백히 언어와 일종의 유사점이 있다.
— 《비트겐슈타인 전집 10》 219쪽

꿈을 꾸는 것과 언어는 닮았다고 비트겐슈타인은 말한다.
이는 명백히 프로이트가 대상으로 삼고 있는 영역이 비트겐
슈타인의 탐구 영역과 닮았다는 것이리라. 그리고 꿈에 관
해 다음과 같은 흥미로운 말을 한다.

수많은 다른 종류의 꿈이 존재하고 그 모든 것에 대한 단일한 설명
노선 따위는 존재하지 않는 듯하다. 마침 수많은 다른 종류의 농담
이 존재하듯이. 혹은 수많은 다른 종류의 언어가 존재하듯이.
— 《비트겐슈타인 전집 10》 218쪽

각양각색의 꿈이 존재한다. 심지어 그것에 대한 단 하나
의 설명 따위는 없다. 이것과 완전히 마찬가지로, 다른 농담

나_라는 세계의 발견

이나 다양한 언어가 존재한다는 것이다. 이는 비트겐슈타인이 강조하는 '언어 게임'의 다양성, '언어 게임'의 가족적 유사성에 관해 말하는 듯하다. 이렇게 생각하면 자신(언어)과 마찬가지 대상 영역(꿈)을 상대로 하는 선배로서 프로이트를 생각했는지도 모른다.

하지만 그렇다고 해도 '제자'라고까지 칭한 이유는 알 수 없다. 저토록 비판적이므로. 비트겐슈타인의 '아무것도 숨기지 않았다'는 밑바닥에 깔린 사고와 어울리는, 다음과 같은 문장도 이 강의에는 있다.

> 왜 우리는 꿈을 꾸는가 하는 문제와 왜 우리는 이야기를 쓰는가 하는 문제를 비교해보라. 이야기 속 모든 것이 우화적이지는 않다. 왜 그가 그야말로 그 이야기를, 그야말로 그 방법으로 썼는지 설명하려 하는데 어떤 의미가 있을까.
>
> 사람들이 대화하는 것에 단 하나의 이유란 존재하지 않는다. 어린아이는 이따금 온전히 기쁨을 드러내기 위해 목소리를 높여 언어가 아닌 한마디를 뱉는다. 이는 또한 성인이 대화하는 하나의 이유이기도 하다. 그리고 그 밖에도 셀 수 없을 정도로 많은 이유가 있다.
>
> —《비트겐슈타인 전집 10》 221쪽

우리는 다양한 이유로 그때마다 언어 게임을 한다. 언어의 다양한 주고받음 속에 무언가 깊은 이유가 있거나 동일한 구조가 숨겨져 있는 것이 아니다. 그저 소리를 내고 싶어서, 그저 화를 폭발시키고 싶어서, 그저 인사하고 싶어서 등 얼마든지 우리는 말을 내뱉는 기회와 계기를 지닌다. 그리고 그것은 날마다 주고받는 말을 살펴보면 자연히 알게 된다. 비트겐슈타인에 따르면 '아무것도 숨기고 있지 않으므로' 봄으로써 파악할 수 있는 것이 그것에 있는 것이다.

그러나 프로이트는 그것에서 원인을 찾고 통일된 꿈의 이론을 만들려고 한다. 그것은 명백히 자의적인 해석을 출발점으로 삼고 있다. 비트겐슈타인은 다음과 같이 말한다.

프로이트는 '원인 없이 일어나는 것이 존재한다는 것을, 제군은 나에게 믿으라는 것인가'라고 묻는다. 그러나 여기에는 아무런 의미도 없다.

– 《비트겐슈타인 전집 10》 220쪽

이렇게 생각하면 비트겐슈타인에게 프로이트는 같은 영역을 대상으로 삼기는 했지만 자신과는 정반대의 방법론을

나_라는 세계의 발견

펼친 사람이라는 말이 된다. 그리고 그 방법론이 실은 무의미하다고 비트겐슈타인은 생각한다. 곧 비트겐슈타인에게 프로이트는 반면교사적인 인물이라는 말일까.

물론 그런 비꼬는 의미에서 '프로이트의 제자'라고 말했다고 생각할 수도 있지만, 그렇게까지 비꼬지는 않는다고 생각한다. 게다가 비트겐슈타인은 그렇게 비꼬는 것을 매우 싫어했다. 그렇다면 어떤 의미에서 '제자'인가. 여기서부터는 내 개인적인 추리에 지나지 않지만 이렇게 생각해보자.

앞에서도 말했듯이 비트겐슈타인에게는 '문법'이라는 재미있는 개념이 있다. 이 '문법'은 우리가 학교에서 배우는 '문법'과는 다르다. 동사, 명사, 형용사 같은 품사 분류나, 동사, 조동사의 활용 같은 것을 공부하는 경우의 '문법'과는 다르다. 비트겐슈타인이 말하는 문법은 각각의 말이 지니는 '처지' 혹은 '독자적인 성질'이라 할 수 있다. 어디까지나 '말의 문법'인 것이다. 이러한 문법을 '심층 문법'이라고 하고, 우리가 학교에서 배우는 문법은 '표층 문법'이라고 비트겐슈타인은 부른다. 그는 이렇게 말한다.

단어를 쓸 때 '표층 문법'과 '심층 문법'을 구별할 수 있을지도 모른다. 단어가 쓰일 때 곧바로 떠오르는 것은 문장 구조에서의 사용법이자, 귀로 포착할 수 있는(이렇게 말할 수 있을 듯한데) 그 단어의 사용법의 일부다. 이때 가령 독일어 'meinen(생각하다, 말하다, 의미하다)' 같은 단어를 생각해본다. 이 단어의 심층 문법을 이 말의 표층 문법이 추측하게 해주는 것과 비교해보는 것이다. 좀처럼 사정을 이해하기 힘들더라도 이상하지 않다.

— 《철학적 탐구》 664

예를 들어 비트겐슈타인은 '마음속 사건'이라는 말에 대해 이렇게 말한다(이는 앞서 《철학적 탐구》 308에서도 다룬 논의다). 마음속에서 무언가가 일어나는(동요, 심금을 울림, 슬픔에 빠짐 등) 것을 '마음속 사건'이라는 말로 나타낼 수 있고, 우리는 평소에 그렇게 하고 있다. 그러나 이 말을 평소에 우리가 사용함으로써 '사건'이라는 말이 지니는 사정(성질)과 같은 것이 '마음'이라는 말에 영향을 미치고 만다. 무슨 말이냐 하면 '사건'이라는 말이 지니는 '문법'(사정이나 성질)은 가령 지진이나 사고, 재판 등과 같은 구체적이고 누구나 확인할 수 있는 사건을 가리킨다. 시간의 폭을 지니며 여러 사람이 관련된 상황이라고도 말할 수 있다. 이것이 '사건'의

'문법'이다. 이는 문장 구성과 관련된 '표층 문법'이나 '사건'이라는 말의 사전적인 의미와는 그다지 연관성이 없는 '개념의 모습'(사정, 성질)과 같은 것이다.

표층 문법적으로는 이 '사건'이라는 말과 '마음'이라는 말이 결부되는 것은 전혀 불합리하지 않다. 그러므로 우리는 이따금 '마음속 사건'이라는 말을 쓴다. 이렇듯 언어 게임에서 '마음속 사건'이라는 말이 유통된다. 그러면 '마음'과 '사건'이 표층 문법 수준에서도 결부된다. 곧 '마음'도 '사건'과 같은 것이라고 생각해버리는 것이다.

원래 '마음'은 형태를 지니지 않고 물질과는 관련이 없는 모습을 하고 있다. 우리가 시각에 의해 포착할 수 있는 것이 아니다. 그러나 '마음속 사건'이라는 말을 계속 씀으로써 우리는 '마음' 또한 '사건'과 같은 것이라고 무의식중에 생각해버리는 것이다. 이것이 비트겐슈타인이 말하는 심층 문법에서의 '착각, 착오'다. 그리고 비트겐슈타인이 후기 철학에서 주로 상대한 것이 이 '문법에 의한 착각'이다.

한편 프로이트는 어떨까. 가령 '바다를 헤엄치는 꿈'을 꾸었다고 하자(정신분석을 자세히 알지 못하므로 이상한 소리를 하는지도 모르지만, 부디 양해해주시기를). 꿈에서 깨어나 그 꿈을 분석해본다. '바다'는 '어머니'를 의미하므로 모태 회귀를 드러내는 꿈이다, 라든가 혹은 '바다'는 '생명의 원천'이므로 생명력이 약해져 있다(혹은 강해져 있다)는 것을 드러낸다든가, '바다'는 '죽음'을 의미하므로 이 꿈은 타나토스(죽음에의 욕구)를 나타내는 꿈이다 등 다양한 해석이 나올 것이다.

이러한 분석 과정에서 나오는 '바다'의 의미는 우리가 국어사전에서 찾으면 나오는 의미와는 확실히 다르다. 꿈속의 '바다'는 의식 수준에서 알고 있는 '바다'와는 다른 상징인 것이다. 곧 정신분석에서는 표면적인 말의 의미가 아니라 심층 수준의 말의 의미(상징)가 중요한 것이다.

이는 그야말로 비트겐슈타인이 말하는 '심층 문법'과 무척 닮지 않았는가? 표층 문법을 의식 수준, 심층 문법을 무의식 수준이라고 생각하면 비트겐슈타인의 대상 영역과 프로이트의 대상 영역이 대응한다고 생각할 수 있지 않을까.

확실히 비트겐슈타인에게 프로이트의 정신분석은 하나의 새로운 신화이자, 그 해석 작업은 어떤 의미에서 자의적이고 무의미한 것인지도 모른다. 그러나 프로이트가 꿈을 분석할 때 구체적 작업의 옳고 그름과는 별개로, 비트겐슈타인의 '문법에 의한 착각'을 찾아내는 과정과 무척 닮은 점이

나_라는 세계의 발견

있다고 생각한다.

수많은 꿈을 해석하고 그 안에서 꿈의 진상을 밝히는 상징을 찾아내듯이, 비트겐슈타인도 수많은 언어 게임 속에 비집고 들어가 심층 문법에 의한 함정이 있지는 않은지 꼼꼼하게 음미해나간다. 이러한 의미에서 비트겐슈타인은 자신을 '프로이트의 제자', '프로이트의 추종자'라고 말했는지도 모른다.

나는 이 책을 고등학생 시절의 나를 위해 썼다. 수십 년을 철학 세계에 있으니 무엇이 어려운지 무엇이 보통이고 무엇이 제대로 된 것인지 전혀 알 수가 없게 되었다. 곤란한 일이다.

그래서, 라는 말도 웃기지만 내 고등학생 시절 이야기를 조금 해보려 한다. 내가 다니던 고등학교는 입시 경쟁이 치열한 이과 계열 명문 학교였다. 심지어 남학교여서인지 한 학년 270명 중 당시 100명 정도가 의대에 들어갔다.

당연히 나 같은 사람은 마음이 편하지 않았고, 막다른 곳으로 몰리는 기분이었다. 전혀 웃지 않았다. 우선 중고등학교 시절 기억은 정말로 거의 없다. 왜냐하면 매일 학교에 갈

때마다 수많은 의사에게 둘러싸여 이유도 모르게 여러 사람이 달라붙어 진찰받는 것과 다를 게 없었으니까. 마냥 웃을 상황이 아니었다. 터무니없이 카프카적인 상황이다. 고등학교에 갔더니 난데없이 환자가 되어 있었다. 무시무시하다. 물론 지금도 사회 속 환자 같은 존재(?)라는 사실은 확실하므로 뭐 변한 건 없다고 해야 하나.

중학교 때 읽은 헤르만 헤세의 《수레바퀴 아래서》는 그야말로 내 이야기라는 생각에 절절히 공감했다. 이대로라면 곧 부서지고 말 것 같았기 때문이다. 꾹 참고 고등학생이 되었다. 도스토예프스키가 쓴 《백치》의 주인공 미쉬킨이나 《카라마조프가의 형제들》에 나오는 알료샤 같은 존재를 동경하게 되었다. 이유는 모르겠다. 뭔가 성스러운 것에 끌렸던 것이리라. 그쪽에 구원이 있으리라고 생각한 것일까. 이렇듯 나는 고등학교 생활은 물론이고 삶 자체에서 명백히 일탈했고, 떨어져나갔다.

현재는 수업 중에 억지로 웃기려고 실없는 농담을 연발하는 기묘한 생물이 되어 있다. 정말로 이상하다. 고등학생 시절의 나와는 완전히 딴판이다. 그 무렵에는 웃음과는 전혀 연이 없었으니까. 아무튼 고등학생 시절은 그저 힘들었다.

　그래서 이번에 그 무렵 나 자신을 위해 글을 쓴 것이다. 잘 되었는지는 모르겠다. 그저 마지막으로 고등학생인 나 자신에게 이렇게 말해주고 싶다.

　"좋아하는 것만 하면 돼. 내가 있을 곳은 반드시 찾을 거야. 미래 일은 미래의 네가 해결해줄 거야. 지금은 가장 흥미 있는 것만 바라보렴. 그리고 그것에 매진하면 돼."

　아키쇼보의 나이토 간內藤寛 씨에게는 이번에도 기획에서 구체적 작업까지 하나부터 열까지 무척 신세를 졌다. 공동 작업은 벌써 세 번째다. 정말로 고맙다. 진심으로 감사드린다.

2021년 6월

나카무라 노보루

루트비히 비트겐슈타인 Ludwig Josef Johann Wittgenstein

1889년, 오스트리아 빈의 세계 3대 철강왕 집안의 막내로 태어난다. 처음에는 물리학도였으나 맨체스터대학에서 프로펠러 설계를 한 것을 계기로 수학기초론으로 관심이 옮겨간다. 케임브리지대학의 러셀에게서 기호논리학을 배운다. 제1차 세계대전에서는 오스트리아군에 자원하여 격전지에서 싸웠다. 이때 쓴 《논리 철학 논고》를 1922년에 출간하여 철학계에 충격을 안겨주었다.

이 책은 (독일어 사전을 제외하면) 생전에 간행된 유일한 저작이다.

40세에 케임브리지대학으로 돌아가 《논리 철학 논고》로 박사 학위를 받는다. 50세에 교수가 되었으며 58세에 교수직을 사임한다.

1951년에 전립선암으로 타계한다. 그가 남긴 마지막 말은 '멋진 인생이었다고 모두에게 전해달라'였다.

사후 2년 후 1953년, 유고가 출간된다. 이것이 철학사에서 이름을 날린 《철학적 탐구》다.

그래서 비트겐슈타인
나_라는 세계의 발견

1판 1쇄 발행일   2022년 6월 15일

지은이	나카무라 노보루
옮긴이	박제이
발행인	박선정, 이은정

편 집	이세영
디자인	새와나무
발행처	독개비출판사
출판등록	제 2021-000006호
주 소	경기도 고양시 덕양구 능곡로13번길 20, 402호
팩 스	0504-400-6875
이메일	dkbook2021@gmail.com

ISBN   979-11-973490-3-4 03100

ⓒ 독개비